T0118702

ALTÄGYPTISCHE GRAMMATIK

ELMAR EDEL

REGISTER DER ZITATE

BEARBEITET
VON

ROLF GUNDLACH UND BARBARA SCHWARZKOPF

(DEUTSCHES RECHENZENTRUM)

1 9 6 7

PONTIFICIUM INSTITUTUM BIBLICUM

ROMA   PIAZZA PILOTTA 35

Inhalt Seite

Vorwort

Als mir eines Tages Herr Dr. Gundlach von seinem Plan berich-
tete, ein Stellenregister für meine Altägyptische Grammatik
unter Zuhilfenahme der technischen Einrichtungen des Deutschen Rechenzentrums herzustellen, war ich ebenso überrascht
wie dankbar erleichtert. Da ich selbst schon eine Zettelsamm-
lung für das Stellenregister zum ersten Band annähernd fertig-
gestellt hatte, war mir nur zu gut klar, welcher Arbeit ich
dadurch für die Weiterführung dieses Registers enthoben war.

Es ist wohl angebracht, an dieser Stelle auch die beiden Vor-
läufer der Gundlach-Schwarzkopf'schen Arbeit zu nennen. Drei
Jahre nach dem Erscheinen des ersten Bandes meiner Grammatik
veröffentlichte Jean Sainte Fare Garnot im BIFAO 57(1958)1-24
ein Stellenregister sämtlicher Belege aus den Pyramidentexten
für jenen Band. Während die Arbeit von Herrn Gundlach und
Frl. Schwarzkopf bereits im vollen Gange war, erschien ebenso
überraschend für uns zwei Jahre nach der Veröffentlichung des
zweiten Bandes meiner Grammatik die Arbeit von Frau Alice
Goedicke, die nach Garnots allzu frühem Tode seine Arbeit im
BIFAO 64(1966)225-250 weiterführte. Außer den Pyramidenzita-
ten des zweiten Bandes berücksichtigte sie auch die aus den
"Urkunden" (Abt. I,IV,V und VII) entnommenen Zitate, soweit
sie im zweiten Band enthalten waren. Alles dies und außerdem
sämtliche sonstigen Zitate sind nun in der vorliegenden Arbeit
in einem einheitlichen Register zusammengefaßt. Ich schulde
den Bearbeitern für diese ihre Mühe und Hingabe aufrichtigen
Dank, wie ich auch Herrn Garnot und Frau Goedicke zu herzli-
chem Dank verpflichtet bin für das Interesse an meinem Buch,
das sie durch die Herstellung ihrer Teilregister bekundet haben.

Mein besonderer Dank gilt schließlich noch den beiden Insti-
tutionen, die technisch und finanziell den Druck der Register
ermöglicht haben: Dem Deutschen Rechenzentrum in Darmstadt,
dessen elektronische Datenverarbeitungsanlage und nichtnumeri-
sches Programmsystem zur Erstellung der Register in dieser
Form eingesetzt worden sind, sowie dem Päpstlichen Bibelinsti-
tut in Rom, dessen Herren sich in großzügiger Weise bereit
erklärten, den vom Deutschen Rechenzentrum erstellten Maschi-
nenausdruck im Offsetverfahren vervielfältigen zu lassen.

Bonn, 21. August 1967   Elmar Edel

Vorbemerkungen

Im Jahre 1956 wurde im Ägyptologischen Institut der Universität
Heidelberg der Plan gefaßt, ein Register der im ersten Band von
Elmar Edel's altägyptischer Grammatik zitierten Textstellen zu
erarbeiten. Das Vorhaben, das von mehreren Angehörigen des In-
stituts mit der konventionellen Zettelkastenmethode begonnen
wurde, schlief jedoch bald ein, nicht zuletzt deshalb, weil Registererstellung nach dieser Methode sehr mühsam und wenig an-
regend ist.

Im Jahre 1964 griff Rolf Gundlach im Deutschen Rechenzentrum den
Plan wieder auf und erstellte zunächst mit Hilfe der elektronischen Datenverarbeitungsanlage IBM 7090 des Deutschen Rechenzentrums ein einfaches Register zum ersten Band, allerdings ohne
die Zitate aus den Pyramidentexten. Es war nicht als Veröffentlichung gedacht und fand daher nur in einigen Exemplaren Verbrei-
tung. Auf dem Deutschen Orientalistentag 1965 in Heidelberg trat
er dann an den Verfasser heran, um mit ihm die Möglichkeit einer
Registererstellung unter Einschluß des 1964 erschienenen zweiten
Bandes der Grammatik zu erwägen. Herr Professor Edel stimmte zu
und stellte ein Exemplar des zweiten Bandes zur Verfügung. Daß
ein solcher Katalog für die Ägyptologie ein Desideratum darstell-
te, ersah man aus den nach und nach von verschiedenen Autoren
veröffentlichten Teilregistern. Für die Abteilung Nichtnumerik
des Deutschen Rechenzentrums, der die Bearbeiter angehören, ergab
sich die Möglichkeit, bestimmte Verfahren der maschinellen Registererstellung von der Datenaufnahme über die Verarbeitung bis
zur Ausgabe zu erproben.

Die Problematik, der sich die Bearbeiter bei der Datenaufnahme
gegenüber sahen, bestand zunächst in folgendem: Da die Programme,
die die Arbeit der elektronischen Datenverarbeitungsanlage diri-
gieren, die Zitate nur auf Grund rein formaler Kennzeichen ver-
arbeiten, mußten die Zitate zunächst vereinheitlicht werden. Z. B.
wird "Junker, Giza" und "Junk. Giza" nicht als zusammengehörig
angesehen, da sich diese beiden Zeichenketten unterscheiden.
Weiter würde z. B. der Spruch 539 der Pyramidentexte in der Form
"PT Spruch 539" (der die Abschnitte 1303-1327 umfaßt) nicht zu
den Zitaten der entsprechenden Abschnitte gestellt, sondern hin-
ter alle Abschnittszitate. Die Lösung war, dieses Zitat in der
Form "PT 1303-1327, 539" aufzunehmen. Dadurch wird es vor die
Zitate der entsprechenden Abschnitte sortiert:

              1301 B
              1303-1327,539
              1306 C P

Die Bearbeitung besteht im wesentlichen aus der Sortierung der eingelesenen Zitate. Diese wird anhand eines Alphabetes vorgenommen, d. h. einer vorher zu definierenden und dem Programm mitzuteilenden Rangordnung der Zeichen. Die Reihenfolge kann sich nach dem Alphabet einer natürlichen Sprache richten oder z. B. chronologischen Gesichtspunkten folgen.

Um die Benutzung der Register zu erleichtern, wurden diese in folgende Teile untergliedert:

1. Urkunden I
2. Pyramidentexte
3. Andere Zitate
4. Zitate in Transkription.

Für die Sortierung der Pyramidentexte wurde ein Alphabet definiert, das es ermöglichte, die Zitate der Sethe'schen Ausgabe vor die der Spezialpublikationen zu ordnen, die Zitate nach der erstgenannten Veröffentlichung innerhalb der Abschnitte chronologisch nach Pyramiden (wie es der Sethe'schen Anordnung entspricht), die Zitate der Spezialpublikationen aber nach dem ägyptologischen Alphabet.

Hier wie auch in Teil 4 wurde der Sortierung das für Zwecke der maschinellen Verarbeitung ägyptischer Texte von Wolfgang Schenkel und Rolf Gundlach definierte Transkriptionsalphabet zugrunde gelegt[1]. Die Edel'schen Transkriptionen wurden Zeichen für Zeichen übertragen, also der lautliche und morphologische Ansatz des Verfassers beibehalten. Teil 4 enthält zusätzlich Verweise auf ägyptische Personennamen, die in der Grammatik nicht transkribiert worden sind.

Um die Benutzbarkeit der Register zu erhöhen und die Kosten des Druckes zu senken, wurden die Zitate, wenn möglich, zweispaltig angeordnet. Durch Manipulation mit Abkürzungen wurde der Umfang des zweispaltigen Ausdruckes erweitert.

Es liegt in der Natur der elektronischen Datenverarbeitung, daß Fehler, Inkonsequenzen und Unregelmäßigkeiten nicht zu Lasten der nichtnumerischen Methode oder der "Maschine" gehen, sondern der Datenvorlage und -aufbereitung. Die Bearbeiter sind sich bewußt, daß Mängel dieser Art nicht vollständig beseitigt sind. Sie wollen die Register aber trotzdem herausgehen lassen, da sich einmal solche Unvollkommenheiten doch nicht ganz beseitigen lassen und zum anderen, um die potentiellen Benutzer nicht länger warten zu lassen.

---

[1] S. R. Gundlach und W. Schenkel, M.A.A.T., Ein System zur lexikalischen und grammatischen Erschließung altägyptischer Texte mit Hilfe einer elektronischen Datenverarbeitungsanlage, Chronique d'Egypte XLII/83 (Januar 1967) 41-64.

Ein Teil der Daten war schon für das erste, oben erwähnte Register aufgenommen worden. Um diese nicht neu erfassen zu müssen, mußte z. B. in Kauf genommen werden, daß in Teil 3 gleichlautende Teile der verschiedenen Zitate nicht gelöscht werden konnten, wie es in den Teilen 1, 2 und 4 möglich war.

Die Bearbeiter danken Herrn Professor Edel für sein Verständnis, das er ihrem Unternehmen entgegengebracht hat und für seine Hilfe beim Lesen der Korrekturen. Auch Wolfgang Schenkel gebührt Dank für seine Bereitschaft, auftretende Probleme im gemeinsamen Gespräch klären zu helfen.

Darmstadt, im Oktober 1967

Rolf Gundlach

Barbara Schwarzkopf

Ägyptologische Studien   s. S. 504 A. 1

NAWG   Nachrichten der Akad.
                                  d. Wiss. zu Göttingen

P. Rhind   = Rhind

Reisner G 2375   vgl. G 2375

Th. T.   Theben Tomb

Anordnung eines Zitates

    Teil 1: Urkunden des Alten Reiches

    Seite, Zeile   Grammatik-Stelle

    39,13-14 bedeutet "Seite 39 (der Urkunden), Zeilen 13-14"
    39,17-- 40, 1 bedeutet "Seite 39 (der Urkunden), Zeile
    17 bis Seite 40, Zeile 1

Anordnung eines Zitates

    Teil 2: Pyramidentexte

    Abschnitt Unterabschnitt Pyramide   Grammatik-Stelle

    K, K. = Kommentar
    B. = Band

    642,FFN bedeutet "(Grammatikparagraph) 642, Abschnitt FF, Nachtrag"
    544FF.N bedeutet "(Grammatikparagraph) 544 ff., Nachtrag".

Anordnung eines Zitates

    Teil 3: Andere Zitate

    (Verf.,) Text- Text-   (Verf. v. Erläu-   Grammatik-Stelle
        bez.   stelle Zeitschr.- terungen
                aufsätzen)

    Verfasser von Zeitschriftenaufsätzen sind außer unter der Zeit-
    schrift noch alphabetisch aufgeführt. Hier sind auch je ein all-
    gemeines Zitat zu Sethe, Urk. I und Sethe PT aufgenommen.

Anordnung eines Zitates

    Teil 4: Zitate in Transkription

    Name Erläuterungen   Grammatik-Stelle
        bzw. Verweise

    Das ägyptologische Alphabet in der M.A.A.T.-Form hat folgende
    Entsprechungen:

ʾ) I (W B P F R L M N H

ʾ ʾ ǰ ᶜ w b p f r l m n h

V X C Z S S̷ Q K G T Y D J

ḥ ḫ ẖ z s š q k g t ṯ d ḏ

Es ist am Schluß des Teiles 4 noch einmal aufgeführt.

Die Stellen der Grammatik sind wie folgt angegeben:

Paragraph, Unterteilung und Anmerkungen Nachtrag

Aˤ, Bˤ, Cˤ, Dˤ, Eˤ, Fˤ usw. stehen für

α β γ δ ε ζ

A. 1 = Anmerkung am Seitenende

Anm. = Anmerkung am Paragraphenschluß

Die Anmerkungen werden grundsätzlich bei den Paragraphen aufgeführt, zu denen sie gehören.

Die Nachträge werden durch ein N am Schluß der jeweiligen Grammatik-Stelle gekennzeichnet.

Ref	No.	Ref	No.	Ref	No.
S. VIII	897	15, 1	574,DD	26,15	491,C
1 FF.	7,A.1	7	574,DD	15	502
2, 7- 8	352	8	669,AA	27, 1	774
8	768,D	16	218	4	831
3, 1	264	16	316	28,11	218
3- 4	470,CC	16	628,CC	29, 1	792
14	218	17	168	2	765
4, 1	46	17	575,BB	30, 7	775
2	72	17	986	8	102
8	352	16, 3	256	8	542
8	768,D	4	188	10	817,AA
12	271	6	188	11	630,CC
13	88	6	256	13	558,B
14	229	9	82	31, 2	256A, N
5, 2	97	14	412	3	491,C
2	123	14	414	13	256A, N
3	271	16	291	13	264
6,14	63	16	908	15	264
7,11	1051	16-17	1095	17	358
11	1086,A	17	138	32, 6	634
8,14	358	17	264	6	950
14	628,CC	18, 9	993	6	954
14	634	10	188	6	986
16	209	10	873,2	7	760,F
16	674,BB	19, 3	133	15	243,AA
16	751,B	4	468	33, 7	53
16	766	4	470,AA	7	845
17	165,B	4- 5	1121	34, 4	358
17	290	4- 7	830	5	760,F
17	765	5	817,AA	6	579
17	765,A	7	66	6	768,C
17	853	7	468	12	358
9, 4	358	7	470,AA	12	634
4	634	8	188	12	998
4	998	9	468	35, 1	873,5
11	642,CC	9	470,AA	2	665,CC
13	993	12	491,C	3	558,B
14	218	12	497	3	1062
15	170,C	20, 4	55	9	305
15	282	6	188	9	306
15	579	6	188	10	993
15	765	7	628,CC	11	873,5
15	908	11	133	11-12	646
15	1031,B,AA	11	753,2,B	12	639,C'
15-16	669,AA	13	325	12	649,B'
16	272	13	775	13	542
16	765,A	14	1055	13	1076
10, 6	681,2	15	67	36, 5	316
6	982	21, 2	500,BB	5	321
14	412	6	255	5	321
11,11	68	8	831	5- 6	830
11	321	8	850,AA	7	164
14	888	10	87,A.1	7	681,3
16	284	10	325	7	682
16	319	12	235	9	542
12, 4	275	12	239	9	998
4	279	12	311	11	495
5	817,AA	12	325	11	851
6	55	12	328	11	998
6	362,BB	14	218	12	347, 3
7	133	14	908	13	681,3
9	68	15	468	13	751,B
9	321	15	470,CC	14	681,3
9	542	22, 5	768,A	14	682
10	71	6	364	15	15
10	91	8	636	15	459, N
10	998	10	325	15	665,CC
14	815	10	636	15	666
14	815,BB	12	762	16	542
16	681,2	14	60	17	681,3
13, 1	102	23, 7	68	37, 1	459
1	773,A	8- 9	758,I	1	459, N
3	54	11	473,AA	1	558,B
3	681,3	11	993	1	665,CC
6	102	12	93	1- 2	992
6	315	12	915,B'	1- 2	994
6	558,B	13	765,A	2	491,C
6	872,2,A	13-14	874	2	495
10	274	14	681,3	2	672,ANM
10	742,3	16	846,A'	2	851
10	1113	25 -- 26	415	11	66
10	1127	-- 26	415, N	11	66
12	68	-- 28	82	15	560
12	244	25, 2	320	15	751,B
14	321	2	665,CC	38, 7	768,A
14	681,3	2	959	7	950
17	376	2	961	7	993
14, 1	165,E	4	82	8	647
5	881	4	311	8	708
7	665,CC	5	321	8	867
9	680	10	274	9	327
9	681,3	11	415, N	11	294
9	767	12	419	11	481,C'
9	767	26,12	983	11	548
9	983	13	765	12	327
16	574,CD	13	824,AA	15-16	495
16-- 15, 1	1060	14	831		

Ref	No.	Ref	No.	Ref	No.
39, 1	470,BB	46,10	995	57,16	760,E
1	642,CC	10	1135	58, 5	53
2	276	12	345	5	681,3
2	481,C'	12	347, 1	10	1062
2	548	12	900	59,10	290
2	775	13	150	11	54
5	548	13	474,BB	13	341
5	768,A	13	668,CC	13	436
5	950	14	474,BB	13	580
6	647	14-15	1073	13	596,1
7	516,1	16-- 47, 5	1144	13	906,AA
7- 9	527	47, 1	218	13	908
9	100	2	1055	14	709
10	71	2	1061	15-16	896
10	74	2- 4	981	16	260
12	537	3	263	17	887
12	577	3	274	17	1030,A,AA
13	489,CC	3	279	60 -- 63	10,A.10
13	825	5	1067	60, 2	432
13	1035	8	297	2	901
13-14	994	48, 6	750,2,A	2- 3	1030,A,AA
14	752	7	584	4	480
15	537	7	596,1	4	758,C
15	855	49, 3	558,B	6	474,BB
16	436	3	661,A	6	869,B
16	491,C	3	1062	6	1094
16	500,BB	4	351	7	503
16	777	4	474,BB	7	596,1
17-- 40, 1	1041	4	760,C	7	946
40 FF.	549,A.1	8	982	7	946
40, 3	150	8-10	1150	8	887
3	351	9	750,A,2	9	132
3	474,BB	10	198	9	290
18	358	10	668,CC	9	468
41, 1	853	10	797	9	758,C
2	236	11	661,A	10	750,2,B
4	170,C	50, 1	188	14	87,A.1
4	488,CC	1	264	14	101, N
4	850,AA	1	537	14-15	86
4	1029,A,AA	2	318	15	326
6	549	2	474,BB	16	65
8	488,BB	2	1081	16	869,A
8	1029,A,BB	3	628,BB	16	888
9	488,BB	3	634	16	892
10	549	3	650,1	16-17	668,CC
10	750,2,A	3	982	61, 1	54
12	488,CC	3	1058	1	65
12	850,AA	4	533,4	2	838
12	857	5	750,2,A	2	843,A
12-13	1029,A,AA	5	872,2,C	2	880
13	468	6	315	2	949,B'B'
13	470,BB	6	533,4	5	609
13	488,AA	6	765,D	5	622
15	65	6 PASS.	765	5	839
15	600	7	92	5	839
15	619	7	750,A,2	6	92
15	1106,AA	8	474,BB	6	173,A
16	628,BB	8	717	7	628,DD
16	634	8	758,L	9	92
16	1029,A,BB	13	54	9	840
42, 6	15	13	758,A	9	857
6	63	14	872,2,B	12	991
6	875	14	924,AA	13	399
6- 8	549	14	1076	14	498
11	423,C	15	784	14	840
11	468	16	188	14	857
11	470,AA	16-17	680	14	907
11	768,A	51, 1	164	14	908
11	875	1	164	17	54
11	1020	2	188	18	1015
11	1020	2	804	18	1023
11	1021	13	554FF.N	62, 1	640
13	750,2,A	14	341	1	1015
14	468	16	554FF.N	1	1025
14	470,AA	52, 2- 3	540	3	469
15	469	2- 3	544	3	853
15	470,CC	3	482	3	878
15	579	3	540	12	165,C
16	1099,B	3	999	12	498
43, 3	312	14	709	12	716
5	1094	53, 1	488,CC	12	839
11	468	1- 2	1029,A,BB	14-15	86
11	805	1- 3	544	15	101, N
14	358	3	1076	16	888
44, 1	549	12	636	16	892
3	15	54,15	82	17	665,CC
6	481,C'	15	269,ANM2	63, 2	167,BB
6	708	55,16	413	2	469
8	897	16	414	2	878
15	549	56,19	240	2	1015
17	549	19	414	2	1022
45, 9	628,BB	57,13	560	3	626
46, 8	471,A.1	14-16	896	3	640
10	347, 1	15	58	4	363,AA
10	348	15	261	4	574,AA
10	348	15	357	4	710
10	949,A'A'	16	474,AA	4	842

63, 4	946	72, 5	900	82, 6	709
5	537	6	474,BB	12	290
5	839	6	1081	83, 3	636
6	381	6- 7	717	8	341
6	425	13	628,CC	11	325
6	491,C	13	634	13	1029,A,BB
6	498	16-- 73, 1	874	17	1094
6	628,DD	73, 2	724,4	84, 1	503
8	303	2	724,4 N	1- 3	712
8	840	2	727,A	2	701,C'
10	96	2	727,A N	4	584
11	414	4	681,3	4	596,1
11	415	11	370	4- 5	906,AA
11	416	14	167,AA	5	326
11	498	14	647	15	468
11	840	75, 8	279	15	470,CC
11	857	8	860	16	793
11	907	8	868A	17	1133
11	908	8	1002	85, 3	303
64, 1	470,CC	10	598,C	5	903
6	917	12	797	5	1131
6	941	12	797	5	1134
16	282	13	649,A'	6	765,C
65, 2	564	14	76	7	64
2	887	14	474,BB	9	468
4	481,C'	14	736	9	470,CC
4	887	14	772	11	278
7	55	15	33	11	282
7	66	15	145	11	999
7	468	15	160,AA	13-14	873,5
7	590,A'	15	318	14	466
7	768,D	15	474,BB	14	642,CC
7	849	15	1081	14	645
8	757,E	16	636	14	671
66, 5	55	76, 6	348	86, 5	590,A'
10	887	6	376	9	470,CC
12	831	6	377	14	468
12	857	7- 8	941, N	87,13	760,B
12	897	14	173,A	14	73
67,11	947	15	273	16	645
15	642,CC	17	227	17	80
17	642,CC	17	227, N	17	831
68, 5	101, N	17	232	88, 1	428,BB
6	947	77, 7	165,E	1	669,BB
8	636	7	1063	1	872,2,D
17	648	8- 9	208	1- 2	751,A
69,12	636	8-12	830	2	642,DD
17	318	10	831	4	303
17	1081	11	121, N	4	642,EE
70, 2	68	12	831	4	1093
6	533,4	14	449	6	381
9	825	14	488,CC	9	341
11	322	16	347, 1	10	97
11	962	16	384	89,17	538
11-12	968	78, 2	218	90, 3	937
14	138	3	175,C	5	371
14	555,C	3	876	10	296
14	562	3	998	11	993
14	900,A.1	4	282	12	945
15	59	5	284	91, 7	693
15	840	5	376	17	413
15	982	6	628,BB	17	414
15-17	1155	6	634	17	415
16	94	6	650,1	17	416
16	351	6	880	93, 5	413
71, 2	1062	6- 7	873,2	5	414
3	52	9	167,AA	5	415
3	59	10	261	5	416
3	681,3	10	261	7	326
3	709	13	585	94, 4	413
3	840	16	757,B	5	105
3- 6	972	79, 1	261	5	326
4	240	1	817,ANM	95,16	419
4	681,3	2	1078	96, 2	296
4	902	3	173,A	15	98,A
5	960	3	831,A.1	97, 5	354
7	941	3- 8	943	98, 8	91
7- 8	1151	4	227, N	12	768,B
7- 9	1143	5	227, N	15	768,B
9	1051	7	482	99, 2-109, 1	852
9	1067	12	580	4	596,1
10	138	12	584	5	584
10	264	12	596,1	6	64
10	322	12	906,AA	6	98,B
10	351	80, 8	471,A.1	6	315
10	968	8- 9	997	6	386
17	264	9	758,H	7	596,1
17	537	14	98,C	10	468
72, 1	318	14	347, 3	10	773,A
1	474,BB	15	98,B	10-11	590,A'
1	1081	16	64	10-11	711
1- 2	1076	16	325	11	312
2	351	16	755	11	590,A'
4	200	81, 5	98,B	13	775
4	681,3	5	347, 3	15	533,4
4	873,5	14	636	15	773,A
5	88			17	289

Ref	No.	Ref	No.	Ref	No.
100, 1	903	104, 6	309	108,10	858,A.2
1	1094	6	394	13	167,AA
1	1134	6	468	14	394
2	61	6	758,B	109, 1- 3	929
2- 3	1149	7	685,A	2	66
2- 4	850,BB	7	809	3	67
2- 4	1153	8	182, 2A	3	388
4	596,1	8	284	3	388
6- 7	167,AA	9	590,A'	5	55, N
6- 7	921	12	1030,A,BB	7	394
6- 7	1030,A,AA	14	30	7	401
8	628,BB	14	274	8	491,D
8	634	14	586	8	596,1
9	590,A'	16	29	8-10	1144
9	706	16	56	8-11	1153
10	260	16	293	9	503
11	590,A'	16	693	11	91
11	731	16	782	11	642,AA
11	734	16-17	902	11	899
11	762	17	268	17	835
13	98,B	17	765,A	110, 1	263
13	488,CC	105, 1	55	1	279
13	1030,A,BB	2	536	11	245
14	160,AA	2- 3	540	12	412
14	481,C'	2- 4	567	15	277
14	714	2- 4	1155	15	325
15	836	3	540	15	852
16	815,AA	4	55	15-16	1144
17--101, 1	850,BB	11	98,C	16	765
17--101, 1	1153	11	227	16	929
101, 3	1031,A,AA	11	488,BB	111,10	277
4	345	11-12	1030,A,BB	10	325
4	752	12	470,CC	10	852
4	903	14-15	1149	112, 5	160,AA
4	1065	17	227	5	276
5	815,BB	17	488,BB	5	345
6	596,1	17-18	1030,A,BB	5	370
6	850,BB	18	468	5	630,EE
6- 7	1152	18--106, 2	1152	5	1002
7	165,B	19	260	6	681,2
7	302	106, 3	756	6- 7	957
9	114	4	590,A'	15	412
10	382	6	470,CC	114,11	687
11	133	7- 8	288	115, 1	399
11	813,A	7- 8	628	116, 1	91
12	162	9	470,CC	5	681,3
12	382	10	752	6	305
12	800	10	903	6	319
13	314	11	382	6- 7	937
13	455	11	590,A'	7	937
13	758,E	11	734	9	577
16	59	14	468	11	681,3
16	268	16	72	14	319,ANM
102, 2	791	16	220	16	66
2- 7	670	107, 1	468	16	780
3 FF.	856	2	73	17	68
3- 7	1031,A,AA	2	312	17	1080
3- 8	1146	2	687	117, 2	993
4	98,C	7	773,A	5- 6	873,5
4	348	7	992	6	937
7	282	8	386	13	105
7	315	9	388	118, 7	352
8	282	10	903	7	769
8	314	11	765,C	14	314
9	897	12	382	17	66
10	347, 1	12	979A, N	17--119, 2	661,C
12	378	12-13	898	119, 1	751,B
12	491,C	12-13	994	1	756
12	758,K	13	665,AA	1- 2	872,2,D
12	1133	13	668,BB	3	279
12-15	1140	13	762,B	5	370
12-16	1153	16	468	6	1040
14	52	17	65	7	881
14	347, 5	17	327	7	934
15	751,B	108, 1	440	7	937
15-16	1133	1	583	10	642,CC
15-16	1147	1	590,A'	11	282
16	273	1- 2	587	11	487
16	1140	1- 3	586	11	768,D
17	590,A'	4	312	12	503
17	758,A	4	428,DD	12	596,1
103 PASS.	540	4	590,A'	12	768,A
--104	1142	4	758,E	17	199
--104	1155	4- 5	313	120,16	460,A.1
103, 2	468	4- 5	328	17	765
4	182, 2A	4- 6	589	121, 1	642,CC
4	284	6	51	6	756
5	756	6	55, N	6	825
5	992	6	757,E	10	82
7- 8	1031,B,BB	7	758,B	11	753,2,B
8	268	8	275	13-16	997
10	268	8	857	16	277
10	318	8	924,BB	16	285
14	130,2	8-10	1030,A,AA	17--122, 1	533,4 N
104, 3	645	10	25	122, 2- 5	1144
4	468	10	762,B	3	218
6	171	10	773,A	7	268

122, 7	268	127, 4- 5	507	130, 9	758,A
8	56	4- 7	1029,A,BB	11	830
8	706,ANM	5	631	11-12	636
8	1072	5	1144	12	626
9	275	7	548	12	630,EE
9	279	7- 9	931	13	757,E
9	626	9	285	14	188
9	630,EE	9	285	14	685,B
9-11	981	9	325	14	709
10	691	9	689	16	760,A
11	67	11	752	17	188
11	319,ANM	12	202	17	852,ANM
12	116	12	821,A	17	918
12	765,D	12	1029,A,BB	131, 1	354
12	981	13	470,CC	1- 2	646
13	59	13	481,C'	2	639,C'
16	695	13-14	892	3	188
16	881	14	92	3	260
123 --124	57	14	758,D	4	555,C
123, 1	258	14	796	5	685,A
1	355	14	796	5	708
1	869,A	128 --131	10,A.10	7	240
4	54	128, 3	415	7	902
4	218	3- 4	86	132 FF.	887
4	500,BB	5	66	132,	57
17	636	5	88	1	636
124, 1	636	5	892	3	240
2	282	6	665,CC	3	243,AA
3	636	6	1023	3	636
4	636	7	687	16	354
7	473,AA	7- 8	1024	17	258
13	170,A	8	758,A	17	869,A
13	386	8	758,G	133, 2	334
14	536	8	1015	2- 3	268
14	872,2,B	8	1020	5	500,BB
15	468	10-11	1015	5	1050
15	750,2,A	10-11	1022	5- 6	218
17	406	11	97	6	626
17	406, N	14	760,A	6- 8	647
17	758,B	15	130,4	6- 8	1144
125, 1	886	17	57	7	649,B'
1- 2	536	129, 2	768,A	7	667
1- 2	909,A	2- 3	1027	8	279
2	38	3	345	10	455
2	61	3	376	11	590,A'
4	386	3	377	12	872,2,B
5	536	3	474,BB	13	352
5	909,A	4	752	14	872,2,D
6	340,BB	5	97	15	59
6	536	5	710	16	352
6	750,3,B	5	842	16	918
6- 7	1070	5	946	134, 2	658,A.1
7	345	5	981	2	668,AA
7	474,BB	5	1148	3	830
7	752	5- 6	843,A	5	590,A'
8	324	6	716	6	291
8	536	6	1150	6	325
8	909,A	6	1154	6	887
8- 9	1031,8,BB	7	642,AA	9	138
9	182, 2A	7	1148	10	98,B
10	1081	8	352	12	712
10-11	1016,B	9	54	13	268
11	628,CC	9	995	13	830
11	752	10	352	13	872,1
13	406	10	672	14	39, N
13	406, N	10	987	14	307, N
14	536	11	198	14	650,3
14	886	11	639,C'	15	628,BB
14	909,A	11	653	16	307, N
15	536	11	1005,C	17	1056
15-16	585	12	488,CC	135, 2	182,12A
16	15	14	1148	6	74
16	268,A.2	15	97	6	630,CC
16	318	15	610	17	57
17	268,A.2	15	688	136, 1	117
17	694	15	752	2	687
126, 2	59	15	821,A	3	1024
2	268,A.2	17	55	9-11	1024
2	802	17	188	11	186
2	881	17	602	11	941
2	886	130, 1	268	11	1020
2- 3	909,A	1	318	13	536
3	268,A.2	1	672,ANM	15	66
4	245	1	758,A	16	54
4	932	4	445	16	355
10	56	5	445	16	533,6
11	321	6	489,CC	16	533,6 N
11-14	1029,B	6	758,A	17	590,A'
14	293	6- 8	1035	137, 4	15
15	56	7	602	5	474,BB
15-16	208, N	7	830	6	586
15-16	986	7- 8	634	6	468
17	402	7- 8	636	6	589
17	758,C	8	148	6	750,2,A
17	758,D	8	630,BB	7	586
127, 2	38	8	763	7- 8	586
4	488,BB	9	507	8	57

137, 8	68	146, 4	750,2,B	162,13	182,12	
8	325	6- 9	711	13	186	
8	590,A'	7	593	13	630,CC	
10	256A, N	10	481,C'	13	775	
10	313	15	1094	13-14	873,3	
11	687	16	388	15	542	
12	186	147, 2	388	15	542,ANM	
12	313	2	388	15	817,AA	
14	586	2- 3	827	16	489,CC	
14	586	3	390	16	824,CC	
15	687	3	391	16	959	
16	586	3	742,2	16	1064	
16	586	3	1113	16 FF.	489	
17--138,1	57	3	1123	17	182, 1	
138, 2	149	3	1127	17	186	
2	289	4	849	17	542	
3	274	4	849	17	542,ANM	
5	297	5- 6	1153	18	817,AA	
7	291	8	993	163,11-12	873,5	
8	630,CC	9	345	12	630,CC	
9	57	9	347,10	12	632	
9	628,CC	10	642,CC	13	959	
10	533,4	10-12	968	13	962	
14	773	11	344	14	831	
16-17	1018,A.1	12	307,ANM	14--164,17	378	
17	752	13-14	711	17	173,A	
139, 1	590,A'	15	699	17	316	
2	1081	148, 5	418	164, 1	768,D	
3	586	8	687	1	981	
3	586	9	330	2	374	
3	821,A	16-17	1051	9	182, 1	
5	586	149, 5	330	10	76	
5	590,A'	8	481,C'	10	489,AA	
8	202	16	681,3	10	742,5	
8	468	150, 1	398	10	1113	
8	493	1	1148	10	1117	
8	500,AA	6- 7	997	15	54	
8	586	9	681,3	16	178	
9	931	9	982	17	182, 9A	
10	491,C	10	345	17	325	
10	493	10	937	17	378	
10	500,AA	151, 2	112	165, 2	173,A	
10	777	10	245	10	113	
12	60	10-11	1072	10	351	
12-16	1145	152, 6	474,BB	15	634	
13	329	6	1081	17	760	
140, 2	444	15	188	166, 7- 8	391	
2	560	15-16	1031,A,AA	167, 6	240	
3	202	16	274	168, 6	160,AA	
3	548	16	488,AA	6	347, 8	
8	573,AA	16	811	8	52	
8	590,A'	16	853	9	533,4	
17	57	17	784	9	539	
17	764	154,15	188	10	42	
17	881	155,16	218	10	573,BB	
17--141, 3	909,A	156, 3	351	15	160,AA	
141, 2	906,AA,A.1	17	414	169, 5	160,AA	
5	636	17	415	5	347, 8	
11	636	17	416	8	754,1	
11	869,A	17	418	170 FF.	9,A.6	
16	636	17	419	170,12	87,A.1	
17	636	17-18	703	13	480	
142, 6	321	18	54	13	542	
8	29	18	697	13-16	817,AA	
8	920	157, 1	413	14	102	
10	321	1	415	14	1063	
11	533,4	1	416	15	259	
15	59	2	698	16	265	
15	72	15	768,D	17	1063	
15	216	158, 2	326	18	165,E	
16	67	2	911	18	1055	
143, 1	59	2	1040	18	1063	
2	538	3	182, 1	171, 1	574,CC	
2	588	4	55	1	881	
4- 8	1144	4	364	1	909,B	
7	265	159, 8	573,BB	2	164	
12	473,AA	10	351	2	1099,B	
14	390	11	573,BB	4	662	
16	491,D	160	9,A.5	4	669,AA	
16	500,AA	160,	178	4	872,2,D	
16	777		207	12	681,3	
17	533,4		215	13	662	
144, 4	68		412	13	669,AA	
4	988		413	15	579	
10	54	161, 9	80	172, 8	579	
11	325	17	575,CC	11	179	
14	68	17	986	11	415	
17	816,AA	162, 2	358	173,12	1060	
145,12	358	7	830	14	88	
12-15	305	7	831	14	872,2,C	
15	321	8	542,ANM	14	872,2,D	
15	348	9	460,ANM	14	1062	
16	993	10	476,CC	15	351	
17	218	10	815	15-16	645	
17--146, 2	647	10	815,BB	16	370	
146, 2	279	12	675	18	538	
2	642,CC	12	872,2,0	18	577	

173,18	669,BB	183, 9	692,B	195,13	390, N
18	751,A	17	579	14	256
18	872,2,A	184, 1	642,CC	16	422
18	1060	1	645	16	1096
174, 3	186	1	661,B	196, 1	318
3	341	1	706,ANM	2	98,A
3	347, 4	1	872,2,D	197,13	681,3
3	919,A	3	549	13	758,I
5	303	12	901	13	968
5	642,EE	14	579	13-14	981
6	229,ANM	16	61	15	1130,I
6	1093	16	128	15	1136
16	55	16	819,A	18	318
16	67	16	842	18	919,A
175, 8	279	185, 2	601	198, 5	758,I
8	636	2	615	5	968
10	459	4	1006,AA,A'A'	17	997
10	555,C	7	839	199, 1- 3	889
10	564	17	399	3	537
11	92	186, 3	685,A	4	537
12	283	5	488,CC	4	1065
13	642,CC	5	1030,A,BB	4	1072
176,12	273	14	642,CC	5	255
177, 2	96	14	872,2,A	5	1065
3	290	14	968	6	534, N
8	555,C	16	304	7	274
8	564	16-17	1071	7	748,1
15	325	17	543	12	688
16	751,B	17	574,CC	13	808
178, 6	92	187, 4	690	200,14	997
13	264	6	347, 2	16	390, N
13	488,AA	7	339	16-17	889
179 --180	10,A.10	7	351	201, 2	650,2
179,12	82	11	339	2	997
13	374	11-12	341	3	1072
13	533,2	11-12	351	5	474,AA
13	888	12	330	5	757,A
13	892	12	339	5	869,B
13-15	991	15	352	8	747,1,B
14	96	188, 1	245	16	57
14	355	2	245	16	82
14	705	2	706,ANM	17	347, 1
16	685,B	7	354	17	348
16-18	1149	7	750,3,A	17	348
17	61	9	283	202, 1	642,CC
17	170,B	189,10	89	2	872,2,B
17	685,A	10	104	2	1094
17	710	10	104,A.2	3	680
17	946	10	587	4	52
18	698	10	720	5	74
18	704	13	806	5	465
18	842	13	806	5	596,1
180, 1	498	14	273	5	1084
1	577	14	273	6- 7	937
1	840	16	852	7	473,CCN
1	909,A	17	30	7	501
2	303	17	144	7- 8	1154
2	399	17	716	9	186
2	883	17	756	10	584
2- 3	713	17-18	902	10	680
3	106	18	583	10	841
3	214	18	587	11	318
3	981	18	756	11	685,B
4	648	190, 9	808	11	937
7	498	10	273	16	185
7	695	12	806	18	242
7	701,D'	12	806	18	598,C
7	716	13	583	203, 1	598,C
7	839	191,13	290	3	74
8	1040	192, 3	362,BB	3	315
10	472	14	836	3	831
10	473,CC	14	1069	7	639,C'
18	95	15	1106,AA	204, 2	993
181,12	400	193,11	642,CC	5	997
13	825	13	98,C	7	71
182, 2	481,C'	13	101	7	102
2	549	194, 9	758,B	8	534, N
6	311	10	750,2,A	9	59
6	398	10	897	9	352
7	503	11	870	9	474,AA
7	596,1	11	872,2,C	9	987
11	376	13	573,CC	10	482
11	377	16	386	10	503
11	685,B	195, 1	58	18	73
11	689	1	494	205, 1	71
11	690	4	54	1	97
11	901	4	330	1	271
14	687	5	671	1	271
14	901	5	872,2,B	1	681,3
15	15	7	950	1	681,3 N
15	585	8	261	2	509
16	757,D	10	573,CC	2	951,B'B'
183, 1	374	10	577	2	1038
5	244	10	1043	4	509
7	545	12	872,2,D	6	642,AA
7	995	12	995	7	642,CC
7	1095	12	1152	10	305

205,11	97	216, 7	734	219, 7	474,AA
11	271	7	949,A'A'	16	590,A'
11	681,3	8	279	220, 2	66
12	509	9	54	5	145
12	951,B'B'	9	488,BB	5	188
12	1038	9-10	1029,A,DD	6	249
13	509	9-13	920	8	468
16	685,B	10	931	11	734
16	937	11-15	1029,A,BB	12	500,AA
206,14	279	11-15	1153	12	596,1
14	469	12	409	12	777
207, 3	311	12	920	15	760
17	198	13	931	16	731, N
209, 4	628,CC	14	750,2,A	16	734
11	414	16	285	221, 2	468
12	87,A.1	16	301	4	466
14	352	16	931	4	494
210, 2	182, 4A	17	373	4	674,AA
2	888	17	466	4	949,B'B'
5	717	217, 2	765,D	5	642,CC
6	260	3	760,B	5	668,AA
7	182, 4A	4	474,BB	5	671
8	773,A	4	734	5	674,AA
13	1131	4	811	8	590,A'
13	1138	4	901	8	734
14	260	4- 5	1081	9	488,CC
14-16	317A, N	6	665,BB	9	872,1
17	815,AA	6	676	9	872,2,C
211, 2	1131	7	876	9	1029,A,BB
2	1138	7	896	10	216
4	815,AA	8	543	18	397
5- 9	1131	8	764	18	760,B
6	1131	8- 9	896	222, 1	337
6	1138	9	876	1- 2	1031,A,AA
7	628,CC	9	1148	2	301
8	681,3	10	649,B'	2	685,B
11	665,BB	11	757,A	2	690
11	669,AA	11	760,E	2	853
11	768,A	11	869,A	2	926
11	1099,A	13	420	3- 7	1143
11	1099,B	13	420	5	1151
13	120	13-14	758,B	7	279
13	1131	14	642,CC	7	647
13	1138	16	509	8	55
16	1131	16	639,C'	8- 9	929
16	1138	16	649,B'	8- 9	1031,A,AA
212, 2	1131	16	951,B'B'	9	170,D
2	1138	16	1038	9	687
3	269,ANM2	17	509	9	869,A
5	273	218, 2	487	9	926
5	1131	2	639,C'	10-11	719
5	1138	2	649,B'	11	691
8	355, N	2	951,B'B'	12	58
8	1133	2- 4	1037,B	12	390, N
8	1138	3	672	12	824,CC
10	1138	3	675	12	1017
18	226	3- 4	751,B	13	543
213, 1	376	3- 4	869,B	13	628,CC
1	377	6	538	13	765,D
1	630,FF	6	577	13	1076
1	742,3	6	663	14	301
1	1106,AA	6	751,A	16	1076
4	60	6	872,2,D	16	1080
4	626	7	33	17	376
4	815,AA	7	145	17	903
6	771	7	1002	17	1076
7	626	8	489,BB	223, 1	116
7	663	8	509	1	765
7	682	8	649,A'	1- 2	881
8	537	8	951,B'B'	1- 2	937
8	773,A	8	1038	2	869,A
9-11	784	9	509	2	937
13	808	10	574,BB	3	58
214,11	314	10	584	4- 6	1031,B,AA
14	347, 2	10	1100	5	750,2,A
14-15	542,ANM	12	584	6	804
14-15	1078	12	797	8	165,B
15	872,2,A	13	695	8	289
16	321	14	371	9	718
17	542	14	760	9	736
17	542,ANM	14	771	9-11	1076
17	1078	15	33	9-11	1153
215 FF.	887	15	145	12	640
215,11	73	15	279	13-15	1031,A,AA
11	330	15	1002	14	71
13	386	16	509	14	74
13	394	16	649,B'	14	626
14	500,BB	16	1038	14	628,AA
14	1032,C	16--219, 1	951,B'B'	15-16	772
14	1073	219, 2	1100	16	692,B
15	896	2	1135	16	713
15	898,A.2	3	59	16	825
216, 1	540	5	164	17	76
1- 2	1030,B	6	175,A	17	317A, N
5	500,AA	6	209	17	630,AA
5	777	6	261	17	630,CC
6	639,C'	6	354	17	688

Ref	Value		Ref	Value		Ref	Value
223,17	772	I	234,15	98,D	I	256,18	412
17--224, 3	981	I	236, 8	313	I	18	413
18	165,E	I	10	268	I	258,12	419
18	1040	I	15	313	I	16	66
18	1063	I	16	313	I	16	311
18	1145	I	237, 4	412	I	16	328
224, 1- 3	505	I	11	436	I	259, 7	692,B
1- 3	984	I	11	685,D	I	9	555,F
4- 6	893	I	11	697	I	10	311
6	555,C	I	238, 8	219	I	16	311
6	900,A.1	I	239, 8	410	I	260,	69,A.1
8	903	I	12	763	I	12	92
10	534, N	I	18	411	I	12-13	982
12	630,CC	I	240, 5	412	I	12-13	1154
12	691	I	5	413	I	13	188
13	870	I	6	50	I	16	760
13	1040	I	8	385	I	16	937
16	893	I	241, 1	411	I	17	687
16	937	I	242, 7	412	I	261, 7- 8	760
18	169	I	8	411	I	7- 8	937
18	169, N	I	243,15	243,AA	I	8	765
18	823,A.1	I	245, 3	413	I	17	52
18	1076	I	4	410	I	17	205
18	1078	I	246, 6	412	I	263, 5	997
225, 8	182, 6A	I	6	413	I	6- 7	1143
16	200	I	247,11	29	I	7	218
16	681,3	I	248,14	412	I	8	33
16	869,A	I	249, 2	313	I	8	145
226, 1	474,AA	I	5	411	I	8	160,AA
5	200	I	250, 1- 2	768,B	I	8	264
5	264	I	5	216	I	8	274
5	537	I	6	1096	I	8	318
6	764	I	15	808A	I	8	474,BB
6	846,A'	I	15	921	I	8	1081
13	873,5	I	17	793	I	9	165,B
13	874	I	18	768,F	I	10	760
13	915,B'	I	251, 2	1086,C	I	10	937
227, 6	72	I	3	991	I	11	167,AA
6	358	I	4	768,F	I	13	339
6	628,CC	I	5	769	I	14	577
6	634	I	252, 2	188	I	14	588
6	873,3	I	2	1002	I	15	555,C
11	54	I	3	482, N	I	15	751,A
11	634	I	3	509	I	15	893
11	998	I	3- 4	957	I	264, 4	358
15	628,CC	I	253, 2	218	I	4	358
15	632	I	7	630,CC	I	5	993
15	634	I	7	631	I	6	188
15	954	I	18	758,H	I	6	869,A
16	138	I	18	920	I	13	831
16	264	I	254, 1	470,CC	I	13	1080
228, 8	634	I	2	768,F	I	17	358
8	945	I	4	319	I	18	628,CC
11	634	I	5	503	I	265, 1	321
13	218	I	5	596,1	I	4	358
16	954	I	5	596,1	I	5	628,CC
229, 5	634	I	5	1150	I	7	321
7	525	I	5	1154	I	17	59
16	362,AA	I	6	790	I	17	94
16	632	I	7	230	I	17	482
16	869,A	I	10	628,BB	I	266,15	835
230, 6- 7	954	I	10	634	I	267, 4	674,BB
17	634	I	10	773,A	I	4	752
17	998	I	10	824,CC	I	4	791
231, 9	280	I	10	964	I	6	712
9	352	I	10	1089	I	7	268
15	1086,C	I	13	71	I	8	285
15	1094	I	13-14	1050	I	15	685,B
232, 5	67	I	13-14	1050, N	I	16	178
6	96	I	13-14	1148	I	268,11	630,CC
6	789	I	14	665,CC	I	11	630,FF
9	468	I	15	38	I	13	482
9	573,BB	I	15	889	I	13	502
9	592	I	16	102	I	13	1037,A
9	748,1	I	16	665,CC	I	269, 7	256
9	748,1 N	I	17	915,C'	I	9	689
9	748,3	I	255, 5	589	I	270,14	352
9-10	540	I	7	390, N	I	16	376
10	91	I	8	148	I	271, 6	880
10	639,C'	I	8	218	I	6	885
10	1014	I	8	279	I	7	337
13	549	I	8	639,C'	I	11	56
13	687	I	8	647	I	272, 8	145
13	765	I	9	188	I	12	510
13	765,A	I	9	765,B	I	274, 5	415
14	66	I	9	1002	I	275, 2	234
14	120	I	10	642,CC	I	2	755
14	805	I	10-11	957	I	15	88
15	765	I	256, 3	1079	I	276, 2	765,A
233,11	765	I	4	1062	I	15	813,B
12	815,BB	I	6	577	I	277, 9	413
13-15	817,BB	I	6	751,A	I	9	415
17	487	I	7	371	I	10	87,A.1
17	911	I	7	832	I	278, 4	816,BB
234, 1	474,BB	I	8- 9	472	I	4	1099,B
3	96	I	8- 9	473,CC	I	9	1131
13	966,A'	I	8- 9	1079	I	9	1140

278,10	688	284, 4	417	299, 8	919,B
10	784	8	481,C'	8	1055
13	179	16	165,C	9	218
279, 3	217	16	687	17	307, N
3	311	17	642,EE	17	892
6	542	17	962	18	412
280, 1	325	285,15	687	18	705
1	632	18	642,EE	300, 3	146
5	179	18	962	5	1059,B
5	416	286, 4	501	9	307, N
14	303	5	1133	16-17	919,B
14	416	5	1140	17	881
15	87,A.1	7	277	301, 1	491,C
16	277	11	236	1	919,B
17	32	15	188	3	425
17	37	15	687	3	497
17	271	16	182, 1A	4	182, 2A
17	314	17	1131	4	766
17--281, 2	876	287, 1	188	4- 5	491,C
281, 1	321	1	687	6	1059,B
1	325	8	477	7	182, 2A
1	1055	8- 9	1040	9	491,C
2	481,C'	11	815,AA	17	146
5	49	14-17	1137	302,	112
5	574,CC	15	1133	4	303
5	881	288, 1	415	13	29,A.1
5	909,B	1	417	13	426
9	687	289, 2	87	303 PASS.	112
10	58	5	750,2,A	303, 7	68
10	962	5	991	8	249
17	687	6	188	9	720
17	690	10	274	11	481,C'
17	766	13	687	12	303
18	720	290, 3	688	16	720
282, 2	325	291, 8	719	16	848
5	687	15	1055	17	720
5	719	292, 2	815,AA	18	630,BB
7	314	3- 6	1137	304, 2	413
11	314	4	1133	16	326
12	501	7	170,C,A.1	17	333
13	29	7	708	17	351
13	1133	8	579	305, 3	249
13	1140	10	630,BB	3	285
15	198	12	481,C'	5	264
15	1023	294,13	396	5	542
18--283, 1	1139	295, 1	326	7	481,B'
283, 1	188	17	87,A.1	7	761
1	1055	296, 1	218	9	681,2
1	1131	1- 3	781	10	639,C'
3	188	5	208	17	491,B
3	642,CC	5	640	17	497
4	593	6- 7	781	17	542
6	542	7	935	17	771
6	752	8	685,A	18	427,ANM1
7	751,C	9	278	18	574,CC
8	542	11-12	715	18	578
8	831	16	481,C'	18	911
10	815,AA	16	555,C	306, 1	344
10	817,AA	16	892	2- 5	1137
10	1100	298, 3	881	6	264
11	642,CC	4	376	6	285
12	831	7	307, N	6	831
12	857	7	481,C'	6- 7	1059,B
12	1133	7	892	8	182, 1A
12-14	1137	8	491,C	9	602
13	198	8	497	9	606
13	797	9	188	9	624
15	831	299, 6	188	9-10	715
16	751,C	6	758,H	12	501
17	593	6	881	307, 9	412
17	750,2,A	6	919,B	9	420
17	753,2,B	7	813,A	11	273
17	758,C	8	491,C	15	932
17	808	8	770,D	16	182, 5A
18	179				

			667,A.1
	W		70
	W		74
	W		78
	W		8C
	T		70
	T		74
	T		78
	T		8C
	T		6C7,CC
	P		7C
	P		74
	P		78
	P		8C
	P		6C7,CC
	M		7C
	M		78
	M		8C
	M		6C7,CC
	N		7C
	N		78
	N		8C
	N		6C7,CC
1	A		358
	A		961
3	A		765,D
	A	T	59
	A	T	241
	B	T	144
4	A	T	3C5
	B		294
	B		828
	C	T	261
	C	T	357
	C	T	968
5	D	T	498
7	B		98,A
13	C		984
16	A		758,K
	A	W	355
	A	W	630,FFN
	A	W	631
	C		440
	C		445
	C		518,2
	C	W	1104,AA
	C	N	518,2
	C	N	11C2
	C	N	1104,AA
	D		445
	D	W	73
	D	W	742,7
	D	W	11C9
17	C		18C
19	B	N	217
20	D	N	65
21	B	N	611
	B	N	611
22	A		286, N
	A	W	275
	A	W	628,CC
	A	N	628,CC
	B		770,C
	B	W	111
	B	W	479,BB
23	A		770,C
	B	W	217
	B	W	748,3,ANM
24	A		286, N
	A		768,F
	C		15
	C	N	481,D'
25	B	N	481,B'
	C	N	581
26	F	W	778
27	C	W	111
	C	W	18C
	D		751,B
	D		947
	D	W	661,C
	D	N	661,C
28	C	W	18C
	C	W	275
	C	W	279
29	A	W	574,CC
30	B	W	58
31	A	W	675
32	B	W	642,CC
34	C	W	59
	C	W	950
	C	N	59
37	A		34
40	A		760,D
	A	W	533,5
42	B	N	392,6
43	A	N	1104,AA
46	C		512

47	C		433
	D		11C9
50	C		611
51	A	W	639,F'
	A	N	639,F'
53	B	W	681,2
	B	N	681,2
55	D		294
57	A		516,1
	A	W	476,CC
	A	N	476,CC
	A	N	529
	B		529
	B		702,B'
	B	W	476,CC
	B	W	762
	B	N	476,CC
	B	N	762
	C	W	47
	C	W	767
	C	N	47
	C	N	767
	D		767
58	B		950
60	B	W	425
62	B	W	191
	C		757,C
63	C	N	781
64	B		437
65	B	N	96
73	A	W	425
	A	A	W	425
75	A	W	52
	A	W	218
76	A	W	45
	A	N	45
77	C	W	665,CC
	C	W	665,CC
85	C	W	43
	C	N	43
86	C	W	483
	C	N	483
87	D		256A, N
88	B		253
	B	W	145, N
	B	T	145, N
	B	N	145, N
92	B		117
93	C	W	134
	C	T	96
	C	T	134
	C	N	96
	C	N	134
94	B	W	117
	B	T	117
	B	N	117
	C		437
95	A	W	45
	A	T	45
	A	N	45
97	B	W	145
	A	W	215
98	A		884
	C	W	665,EE
	C	W	674,BB
	C	T	665,EE
	C	T	674,BB
99	D		93
101	C	N	663
	D		751,B
	D		757,E
	D	N	663
103	A	N	611
104	A		611
	B		611
	B		639,E'
	B	N	674,BB
106	A	N	611
109	A		665,FF
113	B		812
116	D	W	466
117	A		437
118	C	W	216
119	A	W	75
	B		954
	B	W	449
	B	W	630,AA
120	D	W	479,BB
	D		479,CC
121	A	W	873,4
	A	W	1C43
	B	W	76
	B	W	941
	B	W	1019
	B	W	1043
	C		823
	C	W	392,5

121	C	W	1C43
	D	W	39C
122	B	W	76
123	D		840
	H	P	242
	I	P	439
	I	P	437
	I	M	427
	I	M	439
	I	N	427
124	D	W	354
	F	N	22C, N
	G	T	129
	G	T	392,4
	G	M	393
	G	N	393
126	A	*K	466
	A	W	230
	C		252
127	B	M	73
	B	N	73
128	A		1C85,A
	A	W	545
	B		96
	B	T	762
	B	M	96
	C	W	193
129	B	T	642,EE
	C	W	642,FFN
130	A	N	215
	C	W	286, N
	C	W	999
131	A		545
	A		1C85,A
	B		545
	B	W	1C85,A
	C	W	68
	C	N	835
	D	T	965
	D	T	966,A'
	E		173,A
	E		632
	E	W	484
	E	W	835
	E	W	945
132	C	W	5C
	D		533,4
	D	T	665,CC
	D	M	665,CC
	D	N	665,CC
133	F		959
	F	W	972
134	A		825
	A	W	1C85,C
135	B	W	245
136	A	W	1C7,BB
137	C		8C5
138	A	W	347, 2
139	A	W	59
140	B	W	247
141	A	W	173,A
	B	W	273
	C	W	630,AA
142	C	W	186
	C	W	187
143	D	W	186
144	A		554FF.N
147	A	W	366
	A	W	38C
	B	W	577
	B	W	747,1,B
	B	W *K	577,A.2
148	D		335,A.1
	D	*K	335,A.1
149	A	W	5C6
	A	W *K	5C6
	B		5C6
	B	*K	5C6
	B		526
	C		274
150	B	W	533,4
	C	W	533,4
151	A	W	756
	D		34C,AA
	D		428,CC
	D		995
152	C	W	575,AA
	D		751,B
	D		872,2,D
	C	W	663
153	A		317
	A		6C1
	A	W	6C1
	C	W	148
	C	W	516,1
	C	W	53C
155	A		317
	A	W	6C1

				I					I				
157	A	W	601	I	232	B		1050	I	272	C	W	80
159	A	W	601	I		B	W	409	I	274	A		806
160	C	W	960	I		B	W	491,B	I		A		806
161	A	W	473,CC	I		B	W	500,AA	I	275	F	W	149
	C	W	681,3	I		C		1033	I		F	T	149
162	C	W	139	I		C	W	504	I	276	B	W	347, 4
163	C		437	I	233	B		249	I		B	T	347, 4
	D	W	1128	I	234	A	W	754,1	I		C	W	640
167-			193,219 963	I		B		959	I		C	W	661,A
172	A	W	963	I		B	W	325	I		C	T	640
173	A	W	639,C'	I		C	W	665,DD	I	277	B		553,A
179	C	W	210	I	236	B		48	I		B	W	742,3
181	A	W	431	I	237		W	471	I		B	T	489,AA
	A	W	439	I			W *K	471	I		B	T	552
185	A	W	327	I		A		471	I		B	T	742,3
186	A		760,A	I	239	B		435	I		B	T	1117
	C		333	I		B	W	347, 2	I		C	W	546
188	B		167,BB	I	240		W	42	I	278	B	W	79
190	A	W	208	I	242	A		48	I		B	T	79
192	B		951,A'A'	I		B		48	I		B	T	123
	B	W	65	I	244	C	W	1095	I	279	A	T	28
	B	W	113	I		C	T	1095	I	280	A		776
193	C	W	517	I		C	T *K.	1095	I	281	A		776
194	A		437	I	246	A	W	237	I		B		751,B
	A	W	130,4	I		A	W	252	I	282	A		747,2,B
	A	W	283	I		A	W	429	I		A	W	747,1,C
195	C	W	59	I	248	A	W	68	I		A	W	747,2,B
	C	W	167,CC	I		B		818,1	I		A	T	747,1,C
	C	W	581	I		B		881	I		B		473,CC
	E	W	961	I		B	W	753,1	I		B		796
196	A	W	862	I		B	W	838	I		B		796
	A	N	862	I		B	W	1004,B	I		B		878
197	B	W	762	I	249			959	I		B		879
	E		767	I		A	W	963	I		C	T	884
199	A	W	874	I	250	C	W	123	I	284	A	W	747,1,C
201	C	W	335	I	251	A	W	325	I		A	T	747,1,C
	D		333	I		B		252	I		A	T	747,2,B
	D		335,A.1	I		B		868	I	285	C		427,ANM1
202	A	W	481,D'	I		C		905	I		C	W	240
	A	N	481,D'	I		C	W	585	I		C	T	210
	B		428,CC	I		D	W	476,BB	I		C	T	240
	C		773,A	I		D	W	922	I	286	A		244
203	A		879	I		D	W	923	I		B	T	285
204	C		613	I		D	W	1090	I	287	B	T	161
	C	W	612	I	252	A	W	601	I		C	W	630,BB
	C	N	612	I		A	W	739	I		C	W	863
205	A		429	I		B	W	128	I	288	A	W	59
	A		429	I		B	W	128	I		C		795
	A	W	221	I		C		444	I	289	B	T	91
207	A		440	I		C		630,FF	I		C	T	68
	B	W	31	I		C	W	128	I		C	T	630,BB
	B	W	50	I		C	W	639,C'	I	290	A	W	236
208	C		440	I		C	W	639,D'	I		A	T	236
	C	W	473,HH	I	253	A		1052	I		B	W	236
	C	N	473,HH	I		A	W	304	I		B	T	236
212	A	W	996	I		A	W	333	I		D	W	235
	A	W *K	996	I		A	W	872,2,A	I	291	A	W	578
	A	W *K	996,A.2	I		B		1052	I		A	W	979A,1
	B	W	996	I	254	A		731	I		B	W	578
	B	W *K	996	I		A	W	739	I		B	W	979A,1
	B	W *K	996,A.2	I		B		984	I		B	T	325
213	B		960	I	255	C	W	473,CC	I	293	C		433
215	C	W	639,A'	I	256	C		1114	I	294	C		805
	C	N	639,A'	I		D		72	I	295	B	T	140
216	A		605	I		D	W	433	I		C	T	161
	A		871	I		D	T	433	I	296	A	T	140
	A	W	167,BB	I	257	B	W	533,2	I	297	A	W	765,B
	A	N	167,BB	I	258	D	W	230	I		A	T	600
217	A	N	619	I	259	A	W	193	I		A	T	600
218	C	N	80	I		B	W	59	I		B		765,B
219	B	T	219	I	260	A	W	193	I		B		1115
221	A		778	I		B	W	630,FF	I		B	W	553,A
	B	W	602	I		B	W	639,F'	I		B	T	1117
	B	W	630,AA	I	262	B	W	756	I		C	W	552
	B	T	602	I	263	A		342,ANM2	I		C	W	553,A
	B	T	602	I		A	W	52	I		C	T	552
	B	T	630,AA	I		B	W	370	I		C	T	1117
	B	N	602	I		B	W *K	370	I	298	A	W	553,A
	C	W	476,CC	I	264	A	W	72	I		A	T	552
	C	N	476,CC	I		A	W	341	I		A	T	552
225	A		81	I		A	W	615	I		B	W	230
226	A		471	I		B	W	199	I		B	T	230
	A	W	74	I	265	B	W	128	I	299	B		553,A
	B		81	I		D		428,BB	I		B	W	552
	D	W	479,BB	I		E		303	I		B	T	552
227	B	W	50	I	266	A	W	219, N	I		B	T	642,EE
	B	W	50,ANM	I		B	W	685,B	I	300	A	W	800
	B	W	223	I	267	B	W	88	I		A	T	800
	C		432	I	268	A	W	640	I	301	B		881
	C	W	760	I	269	A	W	66	I		C		639,C'
228	B	W	665,EE	I	270	A	W	210	I		C	T	66
229	A		959	I		C		828	I	302	C	T	161
	A	W	963	I		C	W	372	I		C	T	240
230	A	W	219	I		D		807	I		C	T	533,4
	C	W	555,B	I		E	W	347, 4	I	303	B	W	71
232	A	W	628,CC	I	271	A		984	I		B	T	74
	B		1032,B	I		B	W	114	I		B	T	495

No.			Ref
303 D			862
304 A	W		68
B	W		747,1,B
B	W		747,2,A
B		T	161
B	T		747,1,B
E			575,CC
E		T	595
306 B	W		581
B		T	581
C	W		473,CC
C		T	473,CC
307 B			787
308 E			758,C
309 A	W		215
D			516,2
311 D	W		129
D		T	129
312 B		T	454
313 B			632
B		T	628,DD
D		T	681,3
314 A		T	752
316 B	W		628,CC
C	W		628,CC
319 B			881
B			919,C
321 B	W		533,5
322 A	W		598,B
A	W		610
B	W		193
323 A	W		496
A	W		1084
B			488,BB
B	W		573,CC
B	W		1084
D	W		555,C
324 C			212
C			807
C	W		128
325 A	W		68
327 A			852
A	W		577
A	W		577
A	W		856
B			852
B		T	577
328 A			577
A			577
B			577
329 A			577
331 A		T	333
333 A			473,CC
A	W		579
C	W		628,CC
C		T	98,A
C		T	630,GG
334	M *K		533,4
A	W *K		533,4
A		M	533,4
335 A			533,2
B			533,2
336 B	W		251
B	W		443
338 A	W		996
A	W *K		996
339 B	W		68
B	P		577
341 A	W		724,4
A	W		727,A
B	W		727,A
D	W		947
343 A		T	144
A		T	452,A.1
B		T	555,C
344 A		T	190
A		T	724,4
A		T	727,A
B		T	64
B		T	149
B		T	581
B		T	724,4
B		T	728
345 A			408
A		T	408
B			408
346 A			828
B			828
C			408
C		T	408
349 B			274
350 A		T	542
A		T	1096
B		T	542
B		T	724,3
B		T	727,B

No.			Ref
350 B		T	996
B		T *K	996
C		T	996
C		T *K	996
351 C			178, N
352 A	P		452,A.1
B	P		555,C
353 A	P		724,4
C	P		727,B
C	P		729
359 A	P		555,A
A	P		555,C
360 B	P		615
D	P		630,FF
363 C	P		546
F			760,H
F			881
365 A		N	278
366 A		W	148
A		W	491,A
A		W	495
A		W	513
A		W	527
368 B			155
B			856
B			1073
C			856,A.1
C			1073
370 A		W	473,FF
B			795
B		*K	795
372 C			518,1
C		N	518,1
373 C		W	224
C		W	554
C		W	558,B
375 A			727,B
A		W	44
A		N	724,3
A		N	44
B			727,B
B		W	724,6
B		N	724,6
376 A		W	555,C
A		P	555,C
B		W	555,C
B		P	555,C
379 A		W	628,CC
A		M	628,CC
380 A			443
A			445
B		P	555,E
B		P	226
381 B			190
B		P	607,BB,5
D			444
D		W	286
D		W	339
D		W	352
D		W	286
D		P	339
D		P	352
D		M	286
D		M	339
D		M	352
382 A		W	642,AA
A		P	642,AA
B		W	71
B		P	71
384 A			533,4
385 A			702,A'
B		P	516,1
B		P	529
C			702,A'
386 A			440
A		M	140
A		N	140
B			206
387 A		W	1118
B		W	244
C		P	518,3
C		P	520
388 A		W	630,EE
A		W	630,EE
389 A			219
A		W	117
390 A		W	665,CC
A		N	665,CC
391 A		W	640
C			765
392 A			1051
A			1051,A.1
A		W	31
A		W	50,
A		W	337
A		W	558,A

No.			Ref
392 A	W		1097
A		T	337
B		N	607,BB,5
C			340,AA
C		W	202
C	W		202
D		W	41
D		W	823
D		T	41
D		N	41
393 B			215
B			429
B	W		68
394 A		T	533,2
C	W		236
C		T	236
395 A	W		236
A		T	70
A		T	236
396 A		W	788
B	W		277
C	W		232
C		T	232
397 A		W	628,CC
A		T	628,CC
399 A			846,A'
A		W	193
A	W		971
B			67
400 A		W	971
A		T	971
401 A			282
A		W	630,FF
A		T	630,FF
B			635
403 B			635
B			114
B		T	114
C		W	193
C		W	630,AA
C		W	971
C		T	630,AA
C		T	971
404 A			340,AA
A		W	340,BB
A		W	340,BB
C		W	340,BB
405 A		W	628,CC
A		W	630,DD,ANM
A		T	628,CC
A		T	630,DD,ANM
B			635
B		W	325
B		T	325
406 A		W	883
C			595
C		W	575,CC
C		W	888
C		W *K	575,CC
C		T	575,CC
C		T *K	575,CC
408 B			883
B		W	397
C		W	892
409 A		W	239
A		T	239
B			888
C			888
C			984
410 A			888
411 B			919,C
B		W	884
B		T	884
412 A			772
A			1033
B		W	491,C
B		W	491,E
B		W	506
B		W	545
B		W	1141,A
B		T	491,C
B		T	491,E
B		T	506
B		T	545
413 C			282
414 A		W	630,AA
A		T	449
A		T	630,AA
B			230
C			260
C		T	758,A
415 C		W	219
418 A			471
419 A			814
420 B			1031,A,AA
B		W	858,E
B		W	858,E

421	A	*K	247
422	C		48
424	B		82
	B	W	630,CC
	B	T	82
	B	T	630,CC
425	B	W	488,BB
	B	W	724,2
	B	W	946,A.1
	C	W	297
	C	W	344
	D	W	185
	E	W	39, N
	E	W	531
	E	P	39, N
	E	P	531
426	D		50
428	B	T	78
429	A	T	128
	A	T	206
	B	W	742,3
	B	T	742,3
430	A		471
432	A		339
	A	W	244
	B	W	244
	B	W	347, 3
433	A		48
	B		48
436	B	W	640
438	A	W	460,ANM
	C	W	950
	C	W	970
	C	W	1009
	C	T	1009
439	A		427,ANM1
	A	*K	427,ANM1
	B		206
440	D	W	473,CC
444	C	W	1076
445	B	W	52
	D	W	325
446	A	W	1004,C
447	A	W	628,CC
	B	W	628,CC
	B	W	628,DD
	B	W	986
448	B		1015
	B	W	375
	B	W	1022
	C	W	114
452	B		428,BB
453	B		435
	B	W	68
454	A		427,ANM2N
	A	W	437
456	B	W	243,AA
457	A		422
	B	W	342
458	A	W	117
	A	N	117
	B		422
459	A		439
	A	W	72
	A	N	74
460	A		758,B
	A		770,E
461	B		324
	C		324
462	A		760,A
	B		760,A
	C		998
	C	N	428,BB
463	A	W	533,6
	A	N	533,6
	D	W	72
464	B	W	665,CC
	B	N	665,CC
	C		713
467	A		497, N
	A	W	528
	A	N	528
472	D	W	186
	D	N	186
	D	N	759
473	A	W	1005,D
474	B	W	567
	B	W	951,A'A'
	C	W	400
	C	W	567
	C	N	400
475	A		872,2,A
	A	W	924,AA
	A	N	924,AA
	B	W	1083
	C		340,AA
	C	W	1083

476	A		846,C'
	A	W	834
	B	W	731
	B	W	739
	B	M	731
	B	M	739
	B	N	731
	B	N	739
477	A	W	771
	A	M	290
	A	M	771
	B	W	628,FF
	B	W	789
	B	M	789
	C		1047
480	A		962
	A		971
	D		283
481	B	N	613
	C	W	226
	D	W	911
483	A		1031,A,AA
	A	W	344
	A	P	344
	B		808
	B		969
	B		1031,A,AA
	B	W	319
	B	W	947
	C	W	1065
	C	W	1072
	C	P	1065
484	A	W	681,3
	A	P	681,3
485	A	W	724,3
	C	W	558,B
	C	P	558,B
486	D	W	636
	D	W	753,2,C
	D	W *K	753,2,C
488	B	W	575,CC
	B	W	628,CC
	B	N	628,CC
489	A	W	502
490	A	W	347, 4
	A	N	347, 4
	C		781
491			1128
	B	W	59
	D	W	642,AA
	D	N	642,AA
492	A	W	555,C
	A	N	568
	A	N	555,C
	B	W	558,B
	B	W	568
	C		568
	C	W	49
	C	W	555,C
	C	W	555,C
	C	P	555,C
	C	M	555,C
	D		568
	D	N	558,8
493	A		797
	B		767
494	A	W	203
	A	W	1141,A
	A	P	203
	A	P	1011
	A	M	203
	A	N	203
	B		439
495	B		577
	B	W	630,AA
496	B		577
	B		642,CC
497	B	W	616
	C	W	630,FF
498	A	W	680
	A	W	681,1
	B	W	488,CC
499	B		1034
	B		1034
	B	W	1118
	C		1034
	C		1034
	C		1118
500	C	W	991
	D	W	476,CC
501			439
505	A	W	222
	C	W	68
506	C	*K	598,A,ANM
	C	W	598,A
507	A		753,2,B
	A		795

507	A	*K	795
508	A	W	277
	B	W	234, N
510	B	W	221
	D		1050
511	A		630,GG
	A	W	400
	A	T	283
	A	T	400
	B	W	210
	C	T	392,7
513	D		219
514	D		283
515	C	W	193
	C	W	628,AA
518	B	T	555,A
	C	*K	765
519	C	T	607,BB,3
	C	P	607,BB,3
	C	P	752
	C	M	752
520	B	T	615
521	C	T	473,II
	C	T	1004,A
522	B		1005,A
	B	T	343
	C		291
	C		541
	C	*K	541
	C	T	388
	C	T	389
523	B		1005,A
	C	T	533,4
524	C	T	1068
	C	T	1065
	D		389
525	B		758,B
530	A	T	346
	A	P	74
531	A	T	607,BB,2
	B	T	247
	C		444
	C	T	353
532	B	T	41
	B	T	819,B
533	C	T	762
534	B		881
535	A	T	230
	D	T	45
	D	N	45
536	B	T	167,AA
	B	T	635
	B	T	959
	B	N	635
	B	N	959
537	A		795
	C	T	426
538	B	T	216
	C		947
540	C	T	434
	C	N	434
541	A	T	966,B'
	C		296
	E		429
543	A	T	230
	B	T	452
	B	T	514
544	B	T	327
	B	T	346
546	B		244
	B	T	139
	B	P	139
	B	M	139
	B	N	139
547	A		239
	C		239
	C		776
	C		776
	C		797
	C		797
548	A	T	367
	A	T	374
	A	T *K	367
	A	M	367
	A	M	374
	A	N	367
	B		336
	B		432
	B		873,1
	B	P	847,A
	B	P	972
	B	M	120
	B	M	972
	B	N	120
	B	N	972
550	A		28
	A		31

No.			Ref.
550 A			754,1
A			861
A	P		202
B	T		598,B
B	T		598,B
B	P		598,B
B	P		598,B
551 E			758,C
E	M		205
E	M		479,CC
552 A	T		46
A	M		46
A	N		46
B			876
C			876
553 A	M		129
A	N		129
554 B	N		529
B	N		762
C			476,CC
C			529
C			702,A'
C	T		762
C	M		762
C	N		762
555 B			768,C
557 B	M		25
B	N		25
C			429
558 B			564, N
560 B	T		72
C			750,2,A
561 A	T		858,A
B			922
B	T		858,A
D			427,ANM2N
564 A	N		60
565 B	T		232
B	P		232
B	M		232
B	N		232
C			442
D			442
566 B	P		74
C			491,C
C	N		501
567 A			428,AA
A	T		860
A	P		860
A	M		860
B	T		253, N
B	T		254, N
B	T		255, N
B	T		256, N
C			369
568 A	P		206
569 C	N		253, N
C	N		254, N
C	N		255, N
C	N		256, N
570	P		333
	M		333
	N		369
572 D			65
D	T		445
D	M		445
D	N		445
573 A			758,H
A	T		78
A	T		333
A	T		999
C			819,A
575 B	T		533,4
B	P		533,4
B	N		533,4
C	P		574,CC
576 B			781
C			214
C			533,4
577 A	T		959
A	M		959
C	T		439
C	P		439
C	M		439
C	N		439
D			1107
578 B	T		630,CD
B	P		630,CD
B	M		75
B	M		630,CD
B	N		75
B	N		630,CD
579 B			872,2,D
B	*K		1103,A.1
B	T		681,4
B	P		681,4
B	P		1111

No.			Ref.
579 B	M		681,4
B	N		681,4
B	N		1111
580 A			758,A
582 B	T		1105
B	P		1105
B	M		1105
B	N		1105
D			758,A
D			998
583 A	T		865
A	P		865
A	M		865
A	N		865
B			758,A
B	T		533,4
B	P		533,4
B	N		533,4
C	T		168
C	T		481,C'
C	P		168
C	P		481,C'
C	N		168
C	N		481,C'
585 C			763
586 A			167,BB
A	T		605
A	P		605
A	M		605
A	N		605
B			167,BB
B			167,BB
588 C			120
589 A			581
A	T		64
A	P		64
A	M		64
A	N		64
B	T		65
B	P		65
B	M		65
B	N		65
590 C			872,2,C
C	T		454
C	T		630,FF
C	P		454
C	P		630,FF
C	M		454
C	M		630,FF
C	N		454
C	N		630,FF
591 C			41
C	T		183
C	T		867
C	P		183
C	P		867
C	M		183
C	N		183
C	N		867
C	N		867
592 B	T		347, 7
B	P		347, 7
B	N		347, 7
593 B	N		290
594 B	T		71
C	T		176
C	N		176
595 C			766
C	T		691
596 C			884
597 A			763
B			120
C	T		600
C	P		600
C	N		600
598 A			760,A
B	T		148
B	T		339
B	T		342
B	T		352
B	P		148
B	P		339
B	P		342
B	P		352
B	N		342
C	T		628,AA
C	P		628,AA
599 A	T		600
A	N		228
A	N		600
600 C	P		375
C	N		375
601 A	T		274
A	N		274
B	N		148

No.			Ref.
601 D	T		336
E	T		370
602 A	T		533,6
B	T		584
C	T		243,AA
C	T		346
C	P		346
603 A			1051
C	T		481,A'
C	T		607,BB,1
C	N		481,A'
C	N		607,BB,1
D	T		573,CC
D	T		581
D	T		613
D	T		613
D	N		581
D	N		613
604 C			182,14
C			481,A'
C			768,E
C	T		321
C	T		826
D	T		826
E			765,8
F	N		75
F	N		1115
606 A	T		425
B			393
B	T		688
B	T		701,A'
C			303
C	T		1050
D	T		82
607 C			610
C	P		610
D			701,C'
D	T		231
D	P		231
D	P		762
608 A			504
A			1023
A	T		491,C
A	P		491,C
B	T		491,C
B	T		504
B	P		491,C
C			358
C	P		75
609 B			533,4
610 B			533,4
611 A	T		602
B			375
B	T		167,BB
B	M		167,BB
612 A			167,BB
613 A	T		479,EE
A	T		871
A	M		533,6
B			533,4
B			790
614 C			992
C	T		74
615 A	M		533,5
B			751,B
D			751,B
D			675
D	M		675
616 A			426
B	T		117
B	T		132
B	T		226
B	T		453
C	T		992
D	T		579
D	M		579
F	T		583
617 A	T		1004,A
C	T		1112
C	M		1112
619 A	T		345
A	M		345
621 C			991
622 A	T		191
A	P		191
A	N		191
B			677
B	T		47
B			47
B	N		47
623 A			639,D'
A	T		148
A	T		639,C'
A	P		148
A	P		639,C'
A	M		148
A	M		639,C'

Spr.			Stelle
623	C		752
	C	T	677
	C	P	677
	C	M	677
625	D	T	639,C'
	D	P	639,C'
627	A		747,3
	A		760,A
	A	T	747,1,B
628	A	T	298
	A	M	298
	A	N	298
629	A	T	578
	A	T	612
	A	P	578
	A		612
	A	M	578
	A	M	612
	A	N	612
	C	N	573,BB
631	A	N	162
633	D	T	121
	D	N	121
635	D	T	423,C
	D	N	423,C
636	C	P	753,2,A
	D		521
	D	T	516,2
637	A		533,4
	A	T	347, 6
	A	P	347, 6
	C		1111
	C	T	630,DD
	C	P	630,DD
	C	M	630,DD
638	A	T	533,2
	A	P	533,2
	A	M	533,2
	A	N	533,2
	B	T	347, 6
	D	T	340,BB
	D	T	362,AA
	D	P	340,BB
	D	P	374
	D	M	340,BB
	D	M	374
639	A		533,4
	B		1092
	B		1114
	B	P	52
641	A	T	479,EE
	A	T	533,6
	A	N	479,EE
	A	N	533,6
642	B		1105
643	B	N	694
	C	T	580
644	C		249
	C		846,B'
	C	T	649,A'
	E	N	210
645	B	P	95
	B	M	429
	C		167,BB
	C		605
	C	T	43
	C	P	43
	C	M	43
	C	N	43
647	FF.	P	1101
	B	T	250
	B	P	250
	B	M	250
	B	N	250
648	D	P	943
649	B	P	75
	C	N	640
	D		214
650	A		442
	B		218
651	B	T	481,C'
	B	P	481,C'
	B	M	481,C'
	C		120
	C	T	742,3
	C	P	742,3
	C	M	742,3
652	A		1104,BB
	B		375
	B		614
653	B		574,CC
654	A	T	862
	A	M	862
	A	N	862
	A	N	999
655	A		436
	A		1128

Spr.			Stelle
655	B	N	249
	C		516,1
656	A		516,1
	A	T	516,1
	A	M	516,1
	A	N	516,1
	A	N	516,1
	B	M	473,AA
	B	N	473,AA
	C	T	473,CC
	C	T	516,1
	C	M	473,CC
	C	N	473,CC
	C	N	516,1
	D		452
	D	*K	452
	D	*K	473,DD
	D	T	473,DD
	D	M	473,DD
	D	N	473,DD
657	D		640
	D	M	640
	D	N	640
	E	T	145
	E	M	145
658	A	T	578
	C	T	362,BB
	D	T	558,C
659			652
	B	T	132
	C	T	628,CC
	C	T	652
	C	T *K	652
	D	T	652
660	B		428,CC
661	B	T	229
662	A	T	31
	A	T	491,E
	A	T	505
	B		428,DD
	C	T	347, 5
	E	T	632
	E	T	602
664	A		1052
	C		1092, N
	C	T	601
665	B		836
	B	P	1043
666	A		140
	A		140
	B		1039
	B	T	630,CC
	B	T	1076, N
	C	T	1076, N
667		T	117
668	B	T	425
	B		602
669	A	T	344
	B	T	344
670	A		206
	A		593
	B	T	802
671	B	P	1004,A
	C		223
672	A	T	628,CC
	B		427,ANM1
	C	T	639,E'
673	B	T	400
	C	T	661,A,ANM
674	A	T	96
	B		206
	B	T	68
	B		223
675	B	T	1118
676	A	T	449
	B	T	604
	B	T	145
	B	T	423,B
	B	T	491,C
	B	T	504
	B	T	491,A
	C	T	504
677	D	T	347, 5
678	B		430
	B	T	37
	C		429
	C	T	532
679	A		50
	C		491,B
	C	T	1033
	D		471
680	A		471
681	A		471
	C		872,2,A
	D	T	244

Spr.			Stelle
681	E	T	111
	E	T	533,2
684	B		186
	B		628,AA
	B	P	630,CC
685	A	T	423,C
	A	T	1005,D
686	B	T	44
	B	T	221
688			286, N
		T	325
689	B		771
	B	T	724,3
	B	T	729
	D	T	320
690			763
694		T	117
695	A		471
	B		321
	B	T	353
	B	N	353
	C	T	476,CC
	C	N	476,CC
696	C		300
	C	T	296
	D	N	491,C
	D	N	1033
	F	T	550
	G		742,3
	G	T	550
697	A	P	25
	A	P	222
	C	T	885
698	A		442
	C	T	430
	C	P	430
	C	N	430
700	B	T	753,2,C
	B	T *K	753,2,C
701	B	T	442
	B	M	442
702	A	T	247
	B	M	47
	B	N	47
	C	T	31
	C	N	31
703	B	T	966,C'
	B	T	969
	B	P	966,C'
	B	P	969
	B	N	966,C'
	B	N	971
704	A	T	598,B
	A	N	598,B
	B	T	969
	B	T	969
	C	T	1039
	D	T	1039
705	B		728
	B	T	724,2
	B	P	724,2
	B	N	724,2
706	A	T	236
	A	T	354
	A	T *K	354
	B	T	292
	B	T	411
	B	N	411
711	A		840
	A	T	630,CC
	A	M	630,CC
	B	T	173,B
	B	M	173,B
	B	N	173,B
	C		840
	C	M	31
712	B	T	117
	B	T	130,4
	B	P	117
	B	P	117
	B	P	130,4
	B	P	130,4
	B	P	289
	B	M	117
	B	M	130,4
	B	N	117
	B	N	130,4
	B		254
	C	T	390
	C	P	390
	C		390
713		M	639,C'
		N	639,C'
	B	T	639,C'
714	A	T	598,B
	A	T	610
	A	P	573,AA

714	A		P	598,B		746	C		T	404		784	B	M	533,4 N
	A		P	610			C		M	404			B	N	167,CC
	B		P	162		748	D			569			B	N	533,4 N
715	A			819,B			D			1086,B		786	A	P	588
	A			854			D		T	555,C		788	C		254
	A			857			D		T	558,B		789	A	P	554
	C	*K		581			D		M	555,C			A	P	555,F
	C		T	149			D		M	558,B			A	M	554
	C		T	449		749	B		M	346			A	M	555,F
	C		T	487		751	A			428,AA			A	M	704
	C		T	581			A		T	229		790	A	N	323
	C		P	573,AA			B		T	229		794	A	P	386
716	FF.		P	1101		752	B			323			A	P	404
	FF.		M	1101			B		N	479,AA			A	P	515
	A		T	408		753	A		P	800			A	M	515
	A		P	408			A		M	800			A	N	148
	C		T	558,B			A		N	800			A	N	404
	E			1043			B		P	786			A	N	515
717	C		T	34			B		M	786			B		422
	D			765,B			B		N	786			B	P	519
	D		T	630,CC		755	C			787			B	M	519
	D		T	632			C			757,F			B	N	519
719	B			922			C			922,ANM			D	P	545
	C		T	119		756	C		P	555,F			D	P	1076
	D		T	642,EE			C		M	555,F			D	M	545
721	A			471,A.2		757	A		M	488,CC			D	M	1076
	A	*K		471,A.2			A		N	488,CC		795	B	P	518,1
	D		T	473,FF			B			516,1			B	P	526
	D		T	685,B			B		M	519			B	M	518,1
	D		T	691			B		N	473,FF			B	M	526
722	B			1103			B		N	519			B	N	518,1
	B			1106,BB			C			516,1			B	N	526
	B		T	1110			C		P	473,CC		796	B		440
	B		T	1110			C		M	473,CC			B	P	555,F
	B		N	1104,AA			C		N	473,CC			B	M	555,F
	C		T	496		759	C		P	675			C	P	473,CC
	C		N	496			C		P	677			C	M	473,CC
	D		T	496			C		M	665,BB			C	N	473,CC
	D		N	496			C		M	675		797	B	P	665,AA
724	C		T	347,10			C		M	677			B	M	665,AA
	C		N	347,10			C		N	675			B	N	665,AA
726	B		T	609			C		N	677		798	A		1033
727	A			555,A		760	A		P	59			C	M	45
	B			828			A		M	59			C	N	45
	B		N	132			B			677		799	A	P	217
728				652		762	B		P	180A, N			B		796
	A			1043		763	B			958			B	P	436,ANM
	B		T	652			D			958			B	M	436,ANM
	B		T *K	652		765	A			286, N			B	N	437
	B		N	652			A			768,F			C	P	577
	B		N *K	652			C		N	481,B'			C	P *K	577,A.2
	C			652		766	B		N	481,D'			C	M	577
	C		*K	652		767	A			581			C	M *K	577,A.2
729	A			348		768	A			50		800	A	P	347, 5
	B		T	119			A			725			A	N	347, 5
	B		T	297			A		P	724,1			D	P	581
	B		T	369			A		M	724,1			D	M	343
731	A		T	473,CC			A		N	724,1			D	M	581
	A		N	473,CC			B			725			D	N	343
732	A			367			B		P	724,1			D	N	581
	B			554FF.N			B		M	724,1		801	A	M	473,FF
	B		N	244			B		N	724,1			C		828
733	B			452		769	B		M	450,BBN		802	B	P	347, 9
	B			1032,D			C			860,ANM			B	M	347, 9
	B		*K	452		770	B			422			B	N	347, 9
	B		T	501			B			428,AA			E	P	342
735	A			471			B			430			E	M	342
	A			992			B		P	481,D'		803	B	P	235
736	A		T	604			B		M	481,D'			D	P	473,CC
737	C			422			B		N	481,D'			D	M	473,CC
	D		T	139			C			422		804	A	N	165,B
	D		M	139			C		M	473,FF			A		295
	D		N	139			C		N	519		805	A	P	473,CC
738	C		T	979A,1			C		N	473,FF			A	M	473,CC
	C		T	1091,B		771	A		N	602			A	N	473,CC
739				623		772	A		P	600		806	C	P	59
740				966,B'			A		M	600			C	M	59
742	B		T	665,CC			A		N	600			C	N	59
	B		M	665,CC		776	B			317		807	C	P	642,CC
	B		N	665,CC		777	A		P	167,CC			C	M	642,CC
	C			701,B'			A		M	167,CC			C	N	642,CC
743	D			282			A		N	167,CC		808	B	P	516,1
	D		T	558,B		779	B		P	738			B	P	525
	D		M	290			B		P	738			B	M	516,1
	D			558,B			B		M	738			B	M	525
744	A		T	533,5			B		M	738			B	N	516,1
	A		T	800			B		N	738			B	N	525
	A		M	533,5			B		N	738		809	A	P	862
	A		M	800		781	A			173,A			B		1043
745	B		T	255			A			941			B	N	1043
	C			255			B		M	243,AA		810	A		825
746	A			562		782	A			843			A		1083
	A		T	206		783	A			843			A	P	724,3
	A		M	558,B		784	B			533,4			A	P	724,3
	A		M	558,B			B		P	167,CC			A	N	724,3
	B		T	404			B		P	533,4 N			A	N	724,3
	B		M	404			B		M	167,CC			C	P	321

811 C	P		340,AA
C	P		340,BB
C	P		340,AA
C	N		340,AA
C	N		340,BB
C	N		340,BB
E	P		272
E	N		272
813 A			516,2
A			785
C			1017
C	P		911
D	P		835
D	N		911
E	M		637
F	P		637
F	M		633
F	M		637
F	N		633
814 C	P		116
C	P		105
C	N		116
815 A	T		1041
B	P		1100
B	M		1100
B	N		1100
C			735,BB
D	P		639,C'
D	M		639,C'
D	N		639,A'
D	N		639,C'
816 D			808
818 C			182,12
C	P		630,AA
C	M		630,AA
819 A			818,1
A	P		128
A	P		842
A	M		128
A	M		842
A	N		128
822 A			409
A	P		193
A	M		193
B	M		168
B	M	*K	518,1
B	N		168
B	N		518,1
B	N	*K	518,1
823 A	M		843
A	N		843
D			428,BB,A.2
826 A			768,C
B	P		180
B	M		180
B	N		180
828 A	P		473,CC
A	M		473,CC
A	N		473,CC
C	M		473,CC
C	N		473,CC
829 A	P		473,BB
E			1113
E	P		628,AA
E	P		1116
E	M		628,AA
E	M		1116
E	N		628,AA
E	N		1116
830 B			1114
832 C			1076
833 B			767
B	M		479,AA
835 A			49
A	P		523
A	M		523
836 A	P		348
A	P		371
A	N		348
B	M		348
B	N		348
838 C	P		473,CC
C	M		473,CC
C	N		473,CC
839 A	N		596,2
A	N	*K	596,2,ANM
840 B	P		748,1
B	M		748,1
B	N		748,1
842 B	P		393
B	M		393
B	N		393
C	M		435
843 B			1114
B	P		555,A
B	M		555,A

843 B	N		555,A
844 B	P		58
845 A	P		479,BB
A	M		479,BB
A	M		479,BB
847 C	P		578
848 A	P		555,C
A	M		555,C
A	N		555,C
B	M		911,ANM
852 B	M		432
E			445
854 E	N		800
855 A			874
A	P		838
A	P		922
A	N		838
A	N		922
B			275
B	P		473,CC
B	N		473,CC
C	P		922
C	M		473,BB
C	N		473,BB
C	N		639,A'
C	N		922
856 A			473,AA
A			874
A	M		538
A	N		538
B	M		473,CC
B	N		473,CC
C	*K		838
C	M		473,BB
C	M		639,A'
C	N		473,BB
C	N		639,A'
D	N		473,BB
E	M		555,E
E	N		555,E
857 A	N		273
B			758,B
C			751,B
C	P		639,C'
C	N		639,C'
859 A			1128
A	N		630,AA
B	P		124
B	N		124
B	N		630,AA
D	P		476,CC
D	N		476,CC
D	N		596,2
D	N	*K	596,2,ANM
861	P		554
A	P		555,C
B	P		555,C
C	P		408
C	P		555,C
864 D	P		219
867 A	M		80
A	N		80
868 C	M		600
C	M		874
870 B	M		286
B	M		286
C	P		628,CC
C	P		642,CC
C	M		628,CC
C	M		642,CC
872 B	M		473,CC
B	N		59
B	N		473,CC
C	M		47
873 C	N		555,A
875 C			426
C			448, N
876 A			555,A
B			249
B	P		630,EE
B	N		630,EE
C	P		513
C	P		516,1
C	P		516,2
C	N		516,1
877 B			905
B	P		578
C	P		1068
D	P		1065
D	P		1068
D	P		1113
878 A	P		337
A	N		337
879 A			812
A	P		861
B	P		1038

879 B	P		1041
C			422
C	P		1038
D	P		1038
880 A	P		1038
B	P		476,CC
881 B			762,A
B	P		762
883 B			581
B	P		581
B	M		581
886 A			821,C
A			864
A	P		867
A	P		867
A	M		867
A	N		867
888 B	M		516,1
B	N		516,1
890 B	P		923
B			49
B	N		881
891 A			810
A	P		344
C			532
D	P		1092
D	M		219
D	N		219
D			1092
892 B	N		88
893 B	P		531
B	P		979A,1
B	M		531
B	M		681,1
B	N		531
B	N		681,1
897 D	N		230
900 A			321
A			965
A			966,A'
E			317
E			983
901 C			701,C'
902 C	P		191
C	N		191
903 A	P		742,3
A	M		742,3
A	N		437
A	N		742,3
A	N		742,6
B	P		481,A'
B	N		481,A'
D	P		639,C'
D	N		639,C'
905 B			182, 3
906 E			275
E	P		272
908 A			996
C	P		348
C	P		348
D	P		348
909 A			996
A			780
C			727,B
C	P		435
C	P		724,7
D	P		512
D	P	*K	512
910 A	P		454
911 A	P		47
A	N		47
B	M		747,1,C
B	M		747,1,C
B	M		747,2,B
B	M	*K	747,2,B
B	N		747,1,C
B	N		747,2,B
B	N	*K	747,2,B
C	P		607,BB,1
C	M		607,BB,2
C	N		607,BB,1
912 A	P		611
A	N		747,1,C
B	P		747,1,C
B	N		747,1,C
914 B	P		203
C	N		1012,A
C	N		1012,A
C	N	*K	1012,A,A.1
915 B	P		747,1,C
916 A	W		352
A	P		352
A	P		352
A	M		352
A	M		352
A	N		352

916 B	N		642,EE
919 A	P		1033
B	P		491,C
B	P		1033
B	N		491,C
C			991
C	N		642,AA
920 A			76
A	N		144
921 C	P		259
D			239
922 B	T		1104,AA
C			182, 6
C	N		630,CC
923 A			493
A			502
A			702,A'
A			796
A			796
A	P		473,CC
A	P		502
A	N		473,CC
A	N		502
B			493
B			502
B	P		502
B	N		491,C
B	N		502
C	P		234, N
C	N		234, N
924 A	P		128
A	M		128
A	N		128
925 B	P		479,CC
B	M		479,CC
B	N		479,CC
D	P		602
D	M		602
D	M		602
D	N		602
D	N		602
926 A	P		555,C
A	M		555,C
A	N		555,C
C	P		555,C
C	M		555,C
C	N		555,C
927 A			555,F
C			555,F
928 A	P		190
930 A			355
B			437
B	M		574,CC
B	N		574,CC
C			747,3
D	M		1006,AA,B'B'
D	N		1006,AA,B'B'
D	N		1006,AA,B'B'
D	N		1112
E	M		59
931 A			821,A
A	M		1008
A	M		1014
B	M		1014
C	M		1014
932 B			702,A'
934 A			484
A	N		321
B	P		533,6
B	M		533,4
B	M		533,6
936 A			764
	*K		755
B	P		515
B	M		515
B	N		515
C	P		253, N
C	P		254, N
C	P		255, N
C	P		256, N
C	P		516,2
C	P		529
C	M		253, N
C	M		254, N
C	M		255, N
C	M		256, N
C	N		253, N
C	N		254, N
C	N		255, N
C	N		256, N
937 F	M		355
940 C			787
C			789
941 B	M		255
942 A			148
A	M		555,C
942 A	N		555,C
C	P		845
C	P		971
944 A	P		136
A	M		136
A	N		1015
946 A	P		76
A			860
A	M		76
A			860
A	N		860
948 B			768,C
951 B	P		759
B	P		1055
B	M		442
B	M		1055
952 B			182, 9
B	N		353
953 A			761
954 B			291
B	P		433
B	M		433
B	N		433
955 A			602
A	M		602
A			602
956 A	N		34
957 B			190
B	P		665,AA
B	M		665,AA
B	N		665,AA
C			427
C	P		486
C	M		486
C	N		486
958 A	P		485
A	M		485
A			485
A	N		825
959 A			835
C			890
C	M		881
D			835
960 C			759
C	P		473,AA
C	M		473,AA
C	M		759
C	N		473,AA
C	N		759
961 A	P		555,C
A	M		555,C
A	N		555,C
A	N		555,C
C	M		210
C	N		283
D			971
962 A			427
A			428,DD
963 B	M		488,CC
B	N		488,CC
C			680
C	M		488,CC
C	N		488,CC
964 A	M		478
B	M		478
965 A	P		305
966 E	P		479,CC
E			479,CC
E	N		479,CC
967 C	N		528
D			770,B
D	M		479,CC
D	M		479,FF
D	N		479,CC
D	N		479,FF
969 A	P		75
A	P		771
A			846,A'
A	M		771
A	N		771
A			846,B'
B	P		581
B	M		139
B	M		533,4
B	N		139
B	N		533,4
B	N		581
B	N		771
B	N *K		771,A.1
970 A	P		286
A	P		286
B			235
C	P		41
C	P		665,CC
C	P		41
C	N		665,CC
974 A	P		701,C'
975 A			841
A	N		607,BB,3
976 D			727,B
D			772
D			1063
D	N		165,E
D	N		724,1
977 A	N		482
A	N		598,B
A	N		602
B			796
B	P		598,B
B	N		602
B	N		702,A'
C	M		687
C			687
C	N		702,A'
D			555,C
D	P		567
978 C			558,B
C			562
C	N		558,B
979 A	M		681,1
A	M		681,2
A	N		681,1
A	N		681,2
B			739
980 A	P		681,1
A	N		681,1
C			810
981 B			758,B
982 A			555,A
983 A	P		555,A
A	P		555,A
A	N		555,A
986 A			860
990 A			435
A			770
A	P		347, 1
A	M		347, 1
A	N		347, 1
B			770,A
B			788
991 A			821
D	M		148
D	M		558,B
D	N		148
D	N		598,B
992 A	P		237
A	P		739
A	N		237
A	N		739
B	P		731
B	P		739
B	N		731
B	N		739
C			805
993 C			971
994 C	P		127
C	N		127
E			283
996 A	N		628,CC
997 C	N		630,AA
C	N		630,BB
C			1124
C	N		1128
998 A	P		1115
A			613
A'	N		742,2
A	N		1115
A	N		1122
B	N		613
B			861
1002 B	M		336
C	M		286
C	M		665,CC
C	M		668,CC
C	N		665,CC
1003 C			286
C	P		665,CC
1004 B	P		555,A
B	M		555,A
C	P		342
C	P		352
C	M		342
C	M		352
D			533,4
1005 B	M		473,CC
B	N		473,CC
C			432, N
1007 C	M		473,CC
C			473,CC
C	M		628,CC
C			628,CC
1008 A	P		473,CC
A	M		473,CC

No.			Value
1008 A	N		473,CC
C	P		628,EE
1009 B			766
1010			182, 9
A	N		473,HH
B	M		459
C	P		628,CC
C	M		628,CC
C	N		628,CC
1011 A		*K	466
B	P		473,FF
B	N		473,FF
1012 A	P		342
A	N		342
C	M		519
C	N		519
C	N		545
1013 A			488,DD
A	N		526
1014 B			766
B	P		786
B	N		786
1018 A	M		669,AA
B	M		665,EE
B	M		669,AA
1019 A	M		136
A	M		639,C'
A	N		136
A	N		639,C'
1021 C			774
C			803
C	P		256A, N
D	P		423,C
D	P		481,A'
D	M		481,A'
1022	P		513
A	P		1069
B	P		521
1023 A			840
1026 B			562
C	P		476,CC
C	P		541
1027 A			1126
A	P		683
A	P		745
B	P		454
C			541
C	P		190
C	P		207
C	P		476,CC
C	P		725
1029 C	P		639,D'
1032 B	P		798
1033 A			433
A	P		473,CC
A	P		479,BB
1035 C	P		628,CC
1039 A	P		639,C'
A	P		639,D'
A	N		639,C'
A	N		639,D'
B	P		665,DD
B	N		665,DD
1040 A	P		555,C
A	N		555,C
B			731
B	N		737
C	N		737
1041 A			185
A	P		639,C'
A	N		639,C'
B			1115
B			1129
B	P		148
B	P		630,AA
B	P		742,3
B	P		1125
B	N		742,3
C			1129
C	P		1125
D	P		630,AA
D	P		1129
1042 A			554FF.N
A			819,B
A	P		1129
B			1129
B	P		148
B	P		555,C
B	N		148
B	N		555,C
C			554FF.N
C			1129
1044 A	N		504
B	N		504
C			140
C	N		1055
1046 A			861

No.				Value
1046 B	P			996
1047 B	M			665,CC
B	N			665,CC
1048 D	P			123
1054	P			162
1058 B	P			160,AA
1059 B	P			630,CC
1060 A	P			80
A	P			167,AA
B	P			80
1061 B				999
B	P			160,AA
B	P			221
C				999
1064 D	P			301
1065 A	P			441, N
B	P			128
B	P	*K		128
1066 A	P			969
1067 A	P			76
B	P			798
C				797
C				881
C	P			473,CC
1068 C	P			473,CC
C.	P			473,CC
C	P			473,CC
1069 B	P			639,C'
C	P			579
1072 B	P			390
1073	P			386
1078 B				283
B	P			554
D				445
D	P			555,F
E				439
1079 A				466
B				422
1080 B	P			1128
B	P			1129
C	P			1129
D				554FF.N
D	P			742,3
D	P			1129
1081 A	P			466
B	P			96
1082 C				167,AA
D				439
1085 B	N			210
1086 A				969
1087 A	P			160,AA
C	P			160,AA
1089 A	P			130,4
B	P			573,AA
C	P			573,AA
D				150
1090 A				876
B	P			876
C				876
D	M			691
E				876
E		*K		128
F				190
F				751,B
F	P			665,EE
F	M			665,EE
1091	P			203
	P			1012,A
	M			203
	M			1012,A
A	M			1141,B
B				1012,A
C	P			66
1092 B	P			1055
B	M			1055
1093 A	M			914
B	P			173,C
B	P			876
B	M			173,C
D				516,2
E	P			665,CC
E	M			665,CC
1096 B				391
B				293
B	P			390
B	M			165,B
B	M			390
B	M			400
B	N			390
1098				653
		*K		653
	P			173,A
A	P			145
A	M			130,4
A	M			145
A	N			130,4
A	N			145

No.				Value
1099				653
		*K		653
A				247
B				247
1100 A	P			150
B	P			193
D	P			573,AA
D	P			579
D	P	*K		573,AA
1101 A	P			922,ANM
B	P			922,ANM
C	P			922,ANM
D	N			760
1102 A	P			1056
A	P			1063
A	P			1065
A	N			1065
C	P			144
C	M			144
D	P			555,C
D	M			555,C
D	N			555,C
1104 A	P			479,AA
A	M			479,AA
A	N			479,AA
C				353
C	P			386
C	N			392,4
1105 B	P			630,FF
D	P			119
D	P			804,ANM
D	M			119
D	M			804,ANM
D	N			119
D	N			804,ANM
1107 B	P			473,CC
1108 B	P			770
1109 C				1043
1111 A				533,4 N
A		*K		533,4 N
A	P			533,4
A	P	*K		533,4
B		*K		533,6 N
B				533,6
1112 A				613
A	P			573,AA
A	P			579
A	P			579
A	P			585
D	P			123
1113 B				39
1114 B	P			914
C				754,1
1115 B				473,HH
1116 C				842
C				861
C	P			128
1117 A	P			1012,A
C				842
1118 A				842
B				768,C
B	P			182,11
B	P			353
C				429
C	P			353
D	P			117
D	P			347,10
D	P			353
1119 B				840
1120 C				776
C	P			150
1121 B	P			30
1124 A	P			1063
B	P			333
B	P			1063
C				1063
1125 A				759
A	P			759
1127 A				716
B				748,1 N
B				748,3
B		*K		748,1 N
B	P			322
B	P			748,1
1128 A				824,AA
A				824,BB
A				1088
A	P			484
A	P			954
1129 A	P			845
1130 B	P			50
B	P			284
1132 B				758,B
1135 A				870, N
1137 A				870, N
1138 A				558,B
B				913

1138 C	P		96
1139 C			757,F
C	P		948
1140 A	P		210
A	M		182, 8
1141 C			771
1142 C			1114
D	M		1073
E	M		1073
1143 A	P		121
A	M		121
B			229
1144 D			274
1145 B	P		947
C	P		628,CC
C	M		628,CC
1146 C			76
C	P		1065
C	M		1065
1147 C	M		74
1148 C	P		575,BB
C	M		575,BB
1149 A	N		437
1150 B	P		45
B	N		45
1152 B			409
1153 B			673, N
B			674,BBN
B	*K		673, N
B	*K		674,BBN
B	P		674,BB
1155 A	P		239
A	N		237
A	N		239
B	P		765
C			239
1157 C	P		1097
C	N		1097
1159 C	P		473,CC
1160 A			768,C
B			724,1 N
B			728, N
B	P		724,1
B	P		728
B	P		742,1
B	P		1065
B	N		724,1
B	N		728
B	N		742,1
B	N		1065
1161 B	P		167,AA
B	P		745
1162 C	P		479,CD
C	N		479,CD
D			581
D			814
D	P		473,CC
D	N		473,CC
1163 C			728, N
C	*K		728, N
C	P		724,4
C	P		728
C	N		724,4
1164 C	P		342
C	N		342
D			554FF.N
D	P		278
1166 C	P		488,CCN
C	N		488,CCN
1167 B	M		167,AA
1171			1128
B	P		630,CD
1172 B			758,H
C	P		333
1173 A			842
A	P		128
A	P		203
A	P		1006,AA,A'A'
1176 A			291
B	P		599
B	P		1110
B	P		1110
B	M		599
B	M		1110
B	N		599
B	N		1110
1178 A	P		140
A	P		289
A	P		347, 2
A	M		325
A	N		140
A	N		289
A	N		291
A	N		325
A	N		347, 2
B	P		140
B	P		289

1178 B	P		325
B	M		140
B	M		149
B	M		289
B	M		325
B	M		347, 2
B	N		140
B	N		149
B	N		289
B	N		325
B	N		347, 2
1179 A	P		325
A	M		325
A	N		325
B	M		881
B	N		881
1180 A			254
C			581
C			814
C	P		401
C	P		585
C	P		985,2
C	M		401
C	N		401
D	P		641
D	P		985,2
D	M		641
1182 B			768,A
1183 B	P		140
B	P		347, 5
B	M		140
B	M		347, 5
B	N		140
B	N		347, 5
1184 A			771
A	P		226
B	M		50, ANM
1185 B	M		725
B	N		725
1187 A	P		750,2,B
C	P		642,EE
C	M		642,EE
C	N		325
C	N		642,EE
1189 A	P		322
A	N		130,4
B			781
D			685,A,ANM
1190 A	P		140
A	P		347, 5
A	M		140
A	M		347, 5
A	N		140
A	N		347, 5
1191 C			440
1193 A	P		76
1194 A			729, N
B	P		325
1195 A	M		247
A	N		247
B			941
C	M		949,B'B'
1196 B	N		821,B
C	P		628,EEN
C	M		639,E'
C	N		639,E'
1197 A	P		574,CC
A	M		574,CC
A	N		574,CC
B			574,CC
C			984, N
D			547
D			872,2,B
E			547
1198 A	P		995
A	P		1088
A	M		130,4
A	M		734
A	M		1088
A	N		734
A	N		1088
1199 C			685,A
C	P		701,C'
C	N		303
1200 A	P		285
A	M		282
A	N		283
C	N		800
1201 B	M		607,BB,3
B	N		607,BB,3
1202 B			325
C	P		639,D'
D	P		325
D	P		872,2,B

1203 C	P		555,A
C	M		555,A
C	N		555,A
1204 D	P		599
D	M		599
D	N		599
1205 B	P		555,C
B	M		555,C
B	N		555,C
C	P		144
C	M		144
C	N		144
1206 A			393
A	P		123
A	P		392,4
A	M		123
A	N		392,4
A	N		123
E			870, N
E	N		941, N
1207 A	P		224A, N
B	P		401
B	M		401
B	N		401
C	P		630,BB
C	M		630,BB
1208 A			810
A	P		668,CC
A	M		668,CC
B	P		665,CC
B	P		668,CC
B	M		665,CC
B	M		668,CC
C			713
C			821,A
C	P		700
1211 A	P		759
A	N		759
B			701,C'
B			705
B			1048, N
B			1050, N
C			1048, N
1212 A			247
A	P		355
A	N		355
B	P		630,FF
B	M		630,FF
B	N		630,FF
D			947
F	M		68
F	N		68
1213 A			757,A N
C			959
1214 A	P		445
A	M		445
B	N		760
C	P		488,CCN
C	M		488,CCN
C	N		488,CCN
1215 C	P		343
C	P		347, 9
C	M		343
C	M		347, 9
C	N		343
C	N		347, 9
D			436
D	P		533,3
D	M		533,3
D	N		533,3
1216 A			757,A N
B	N		642,FF
D	N		213
1217 A	N		553,B
B			812
1218 B	P		128
B	M		128
B	N		128
1220 A	P		552
A	M		552
A	N		552
D	P		630,CC
D	M		630,CC
D	N		630,CC
1221 A			352
1222 A	M		230
1223 A	P		454
A	P		509
A	M		531
A	M		509
B			553,A
B	P		665,AA
B	M		552
C			1113
C	M		1124
D	M		348
E	M		762

Spruch				Wert
1224 B	P			66
B	P			1038
B	M			66
1225 B	P			112, N
B	M			112, N
B	N			112, N
1227 A	M			228
D				199
1230 B	N			167,CC
1231 B	P			450,AA
1233 B				824,CC
B	P			1089
C	P			598,B
C	P			599
C	P			604
1234 A	P			593
B	P			663
C	P			486
1235 A				999
C	P			473,HH
1236 A				161,ANM
B	P			161,ANM
1237 A	P			630,FF
A	P			635
A	P			1091,A
B	P			256
B	P			630,DD,ANM
B	P			635
1238 B	P			772
1240 A	P			575,CC
B	P			162,ANM
1241 C				291
1242 A	P			516,2
1245 C	N			231
D	M			259
1246 B				502
B	P			796
B	M			473,GG
B	M			796
B	N			473,GG
B	N			796
C				502
C	P			796
C	M			702,B'
C	M			796
C	N			762
C	N			796
1247 C	P			116
1248 B				533,4 N
B		*K		533,4 N
B	P			533,4
B	M			533,4
B	N			533,4
B	N	*K		533,4
C	M			238
C	N			238
D	P			296
D	M			300
D	M			391
1250 A	M			394
A	N			392,9
A	N			393
D				758,A
1252 A	P			193
A	M			193
1254 A	P			182,10
A	P			191
A	M			182,11
A	M			191
A	N			182,11
A	N			191
C	P			599
C	P			602
C	M			599
C	M			602
C	N			599
C	N			602
1255 C	P			378
C	P			388
C	P			389
1256 C				485
1257 A	P			523
A	N			523
1261 C	P			555,E
C	N			555,E
1264 B	P			230
B	P			602
C	P			602
1267 A	P			183
A	P			742,3
B				870
B	P			1104,AA
1268 A				41
A				183
B				577
B				594

Spruch				Wert
1268 B				870
B	P			858,D
1269 A	P			183
A	P			744
B				577
B				594
B				870
1270 B				594
B	P			858,D
C				639,C'
C				649,B'
C	P			658
C	P			661,C
C	P			756
1271 B				594
1272 A	T			727,A
A	P			724,4
A	P			744
B				577
B				594
1273 B				577
C				639,C'
C				751,B
C	P			639,B'
C	P			661,C
1276 B				506
B		*K		506
1277 A				516,1 N
1279 C	P			962
1280 B	P			193
B	P			959
1281 B	P			473,FF
1282 A	P			533,5
1284 B	P			386
1285 B				725, N
1286 C				429
1288 A	P			366
1290				652
A	P			729
B	P			652
B	P	*K		652
1292 A	P			162
1293 B	P			400
C	P			628,CC
D	P			665,CC
1295 A	P			516,1
A	P			528
1297 B	P			725
C				689
C	P			725
1298 B				999
1299 B				454
B	P			473,CC
1300 C	P			594
1301 B				771
1303-1327,539				324
1306 C	P			130,1
C	P			213
C	P			336
1309 A	P			293
1312 C	P			293
1313 C	P			221
1321 A				546
A	P			532
C				546
1322 B				1126
1323 B	P			454
B	P			475
C	P			554
C	P			558,B
C	P			562
C	P			1086,B
1324 A				824,BB
A				845,C'
A	P			1088
B				845,C'
1326 A				558,B
A	P			562
C	P			454
C	P			475
1327		*K		541, N
A	P			541
B	P			533,1
B	P			541
B	P	*K		533,1 N
1328 B	P			581
B	P			650,2
1329 D	P			149
1330 A				336, N
A		*K		336, N
A	P			336
1334 A	P			598,B
A	P			600
A	P			602
A	P			731
A	P			735,BB
C				533,4 N

Spruch				Wert
1334 C		*K		533,4 N
C	P			484
C	P			533,4
1336 A				355, N
A	P			630,FFN
A	P			1104,AA
A	P	*K		630,FFN
1337 A	P			600
B				1104,BB
1338 B	P			44
B	P			271
B	P			681,3
B	P			1111
1339 B	P			250
1340 A	P			605
1343 B	P			442
D	P			756
1345 B	P			473,CC
B	P			484
1346 A	P			452
A	P			452,A.2
A	P			514
1347 A	P			558,B
B	P			602
C	P			728
1354 A				757,F
1355 A	P			400
A	P			685,A,ANM
A	P			959
B				727,C
B				735,BB
B				872,2,D
B	P			642,AA
B	P			662
B	P			724,1
1358 A				323
A	P			999
D				208
1359 A				305, N
B	P			321
1363 B	P			61
C				824,CC
C	P			1089
1364 A				428,AA
A				429
D	P			577
D	P	*K		577,A.2
1370 A				952
A	P			845,A'
1371 C	P			272
C	P			473,CC
1372 A	P			367
1373 A	M			519
B	P			573,CC
B	M			519
1374 A				514,A.3
A	M			479,CC
A	N			519
A	N			479,CC
A	N			519
1375 A				947
C				776
1376 A	P			554
A	P			555,D
A	M			554
A	M			555,D
A	N			149
A	N			554
A	N			555,D
C				185
C	M			185
1377 A				812
B				602
C				185
C	M			185
1379 C	P			519
1382 B	P			452
B	P			473,DD
1383 B	P			408
1384 B				828
1385 C				727,B
C	P			724,1
C	N			724,1
1390 B				724,5
C	M			724,4
D	M			337
1392 A	M			609
B	M			555,C
B	N			555,C
1394 A	M			558,B
A	M			488,CC
1405 B	P			296
B	N			256
C	P			476,CC
C	N			476,CC
1406 B	N			323
C				837,ANM

No.	Sp	M	K	Ref
1406	C	P		858,A
	C	N		858,A
1408	A	N		555,A
1411	A	P		552,A
1416	C		*K	28, N
	C	P		286, N
	C	M		286, N
	C	N		28
	C	N		286, N
1417	A			819,B
	B	P		701,C'
	B	N		685,A
	B	N		701,C'
1419	B	P		611,ANM2
	B	M		611
	B	M		611
	B	N		611
	C	M		1046
1424	A	P		162
	C	N		378
1425	A	P		534, N
	A	M		534, N
	A	N		534, N
	B			168
	B			585
	B			796
	B	P		162
	B	P		581
	B	M		575,CC
	B	M		581
	B	N		575,CC
	B	N		581
1426	A	P		796
	A	M		579
	A	M		796
	A	N		582
	A	N		796
1427	A			532, N
	A		*K	532, N
	A	P		532
	A	M		532
	A	N		162
	A	N		881
	B			533,6
	B		*K	533,6 N
1428	D	P		538
	D	P		665,AA
	E	P		632
	E	P		846,B'
	E	P		954
	E	M		846,B'
	E	M		954
	E	N		846,B'
1429	D	P		1088
1430	E	P		435
	E	N		435
1433	B			325, N
	B			331, N
1434	A			577
	A	P		596,1
	B	M		630,AA
1435	A			1101
	B			165,E
	B			1101
	B	P		820
	B	M		820
	C			1101
	D			1101
1436	A			1101
	B			1101
	B	P		524
	B	P		820
	B	P		524
	B	M		820
	C			736
	C			1101
	C	P		240
	C	P		240
	C	M		240
	D			1101
1437	A			1101
	A	P		524
	A	P		740
	A	P		740
	A	M		524
	B			1101
	B	P		1063
	B	M		1063
	C			305
	C			1101
	C	P		639,C'
	C	P		649,A'
	C	M		639,C'
	D			1101
1438	A			1101
	B			1101
	C			240

No.	Sp	M	K	Ref
1438	C			1101
	D			1101
1439	A			1101
	A	M		252
	B			820
	B			1101
	C			1101
	D			524
	D			1101
	D	P		516,1
	D	P		516,1
	D	M		516,1
1440	A			1101
	B			1101
	B	P		524
	E	P		287, N
	E	P		305
1441	B			569
	B	P		558,B
	B	M		558,B
	B	N		558,B
1444	B	P		642,AA
	B	P		642,AA
	B	M		642,AA
	C			873,1
	C	M		847,A
	C	M		941
	D	P		881
	D	M		881
1445	A	M		642,AA
	C	P		881
	C	M		881
1449	A	P		428,BB
	A	M		428,BB
1450	A	M		944
	C	P		478
	D			542,ANM
1453	A			701,A'
	A	M		533,4
	A	M	*K	533,4
	B			701,A'
1454	A	P		50,ANM
	B	M		346
	B	M		948
1455	B	P		428,BB
	C			546
1459	A			370, N
	A		*K	370, N
	A	P		347,10
	A	P		370
	A	M		347,10
	C			554FF.N
1460	A			199
	A	P		199
	B			554FF.N
	B			554FF.N
	B	P		52
	B	M		639,B'
	C		*K	555,B N
	C	P		555,C
	C	M		555,B
	C	M		555,C
1462	A	P		34
	A	P		128
	A	P		219
	A	M		34
	C	P		344, N
	D	P		347, 3
	D	M		347, 3
1463	A	P		639,C'
	A	M		639,C'
	C	P		207
	C	P		639,C'
	C	M		639,C'
	D			237
	E	P		347, 9
	E	P		347, 9
	E	P		738
	E	P		738
	E	P		738
1464	B	P		674,BB
	B	N		674,BB
1466	C	P		737
	D	P		738
	D	P		738
1467	A	P		724,4
1468	A	P		1129
	A	P		1129
	B	P		757
	B	P		1129
	C	P		105
	C	P		1113
	C	P		1129
1471		B		347, 9N
1472	A	M		747,1,C
	A	M		747,1,C
	C			290

No.	Sp	M	K	Ref
1473	A	M		1047
1476	A	P		127
	A	M		127
	C	P		283
1477	A			1005,A
	A	P		1005,A
	B	P		724,3
	B	P		727,A
	D	P		592
	D	M		592
1479	B	P		635
	B	P		635
	B	N		635
1480	A	P		473,AA
	A	M		473,HH
	C			585
	C	P		528
	C	N		516,2
	C	N		528
1481	A	N		600
	B	P		479,CC
	B	M		479,CC
	B	N		479,CC
1482	A			479,DD
	A	M		366, N
	A	M	*K	366, N
	A	N		366, N
	A	N		479,DD
	A	N	*K	366, N
	B	P		439
	B	P		479,FF
	B	M		445
	B	M		479,FF
	B	N		439
	B	N		479,FF
1483	B			91
	B	M		91
	D	P		256
	D	M		256
	D	N		256
1484	A	M		277
	A	N		277
1485	B	P		639,F'
1488	A	P		240
1491	B			758,D
1492	A	P		579
	A			612
	A	FF.		747,1,B
	A	FF.		747,2,A
1494	B	P		612
1498	A			861
1500	C			433
	C			439,ANM
	C	P		691
1501	B	P		555,C
1503	B			841
1509	B			554FF.N
1510	A	P		389
	B	P		139
	B	P		148
	B			630,EE
	C	P		630,EE
1511	A			422
	A	P		630,EE
	B	P		139
	B	P		148
	B	P		630,EE
	B	P		630,EE
1513	C	P		1071
	C	P	*K	1071
1514	A	P		476,DD
1516	B			445
	B			352
1522	A	P		352
	C	P		352
1523	A	P		337
	C	P		277
1525				609, N
				846,C'
		P		347, 3N
		P		609
		P		747,3
1526	A			358
1528	D	P		507
	D	P		729
1530	B	P		516,1
1531				758,A
	A	P		742,1
1532	A	P		116
1534	A	P		523
	A	P		845,A.1
1536	A			523
	A	P		512
1538	B			828
1540	D	P		825
1542	B			701,C'

Nr.			Ref
1542 B			702,B'
1544 A			533,4
A			675
A	P		628,CC
B			675
C			675
D			675
1545 A			675
B			675
1546 B			297
1552 A		N	286, N
A	*K		286, N
B			299
1553 A	P		423,C
1554 A	P		144
A	P		438
B	P		276
B	P		466
1557 B	P		426
B	P		630,CD
1558 B	N		479,AA
C	P		479,BB
C	M		433
1561 D	P		515
D	P		519
D	N		516,1
1562 A			425
A			821
B			516,2
B	P		519
1564 A			999
C	P		47A, N
C	N		47A, N
1565 B	N		473,CC
C	P		1006,AA,A'A'
C	N		1006,AA,A'A'
1566 A	P		66
B	P		119
C			542,ANM
D	P		339
D	N		339
1567 A	P		751,D
A	N		499,ANM1
A	N		507
A	N		751,D
1569 B	P		223
1587 C	N		466
-1606,587			13
1588 A			575,BB
1589 B			432
B			945
1595 A	N		284
1596 B	P		516,2
B	P		528
B	N		513
B	N		528
C			575,BB
1605 C	N		160,BB
1606 B	N		160,BB
1611 B	M		577
B	M	*K	577,A.2
1614 A	M		180
1617 A	M		595
B	M		574,CC
1618 A	M		596,1
B	M		596,1
1622 B			1104,BB,A.1
B	M		630,AA
B	M		742,3
B	M		1124
1629 A			758,A
1632 A	M		579
A	N		579
1633 C	N		437
1638 C	M		1076
1640 B			305
B	N		701,A'
C			305
1641 A			818,1
A			840
A			879
A	M		275
B			879
B	M		283
1643 A			959
A	M		357
A	M		665,CC
A	N		357
A	N		665,CC
B			959
C			840
C			959
C	M		187
C	N		187
1646 A	N		601
B	M		574,AA,ANM
B	N		574,AA,ANM

Nr.			Ref
1647 A	M		610
A	M		610
A	N		610
A	N		1046
B	N		1046
1648 B			751,B
B			872,2,C
B			872,2,C
B	N		663
1649 B			681,3
C			681,3
E	N		1047
1650 A			876
B			876
B	N		41
C			876
C	N		41
1651 A			175,D
B			876
B			876
B	M		41
B	M		173,B
B	N		173,B
C			873,4
C			876
C	M		175,D
C	M		558,B
C	M		558,B
D			175,D
1652 A	N		36
B	N		532
1654 C	N		428,AA
C	N		872,2,C
D			702,B'
D	M		428,AA
D	N		428,AA
1656 A			760,D
A			1111
1659 A			274
A	M		533,6
B	M		479,EE
B	N		479,EE
1660 A			423,B
1661 A	M		34
A	N		34
1662 A	M		34
A	N		34
1670 A	N		370
1672 B	M		104
B	M		132
B	M		425
B	N		132
1673 B	M		117
B	M		254
B	N		117
B	N		254
1676 A			581
A			814
A	M		441
B	M		533,4
1678 A			428,CC
1679 C	M		630,GG
1680 A	M		767
A	N		767
1681 B	M		665,CC
B	N		665,CC
1683 B			958
1685 A			533,4
1687 A	M		516,1 N
A	N		516,1 N
C			516,1 N
1688 A			516,2
A	M		630,CC
B			636
1689 B	M		1006,AA,A'A'
1690 A	M		533,4
B			353
B	M		106
1691 A			533,4
1692 A			182, 7
A			473,HH
B			701,D'
B	M		665,CC
B	M		687
B	M		713
1693 B	M		269,ANM2
1694 B			533,4
1695 B			428,BB
1696 A			473,GG
A	M		821,A
B			796
1697 A	M		388
A	M		389
1699 A			305
A			872,2,C
A	M		661,A
C	M		481,C'

Nr.			Ref
1699 D	M		747,1,B
1700		M	909
1701 D		N	45
D		N	41
1702 A			305
A	M		604
A	N		604
B			305
B			814
B	M		607,BB,1
B	M		613
B	N		607,BB,1
B	N		613
1703 B	M		272
D	M		129
D	M		325
1704 C			751,B
1705 B			751,B
C			554FF.N
1706 C			554FF.N
1708 A	M		615
C	M		747,3,ANM
E	M		747,3,ANM
1709 A			1031,A,BB
A	M		488
A	M		488,CC
A	M		520
A	N		223
1711 B	M		519
D	M		545
D	M		545
1712 A	M		526
A	N		526
1713 A			440
A			555,A
1715 B	M		129
B	N		129
1716 B			45
1718 B			286, N
1719 F	M		473,CC
1720 B	M		796
B	N		431
1721 B			473,HH
1722 A	M		642,EE
B	M		52
1723 A	M		112
D			286, N
B			286, N
B		*K	286, N
B	N		65
B	N		212
D	M		525
1724 B	M		230
1726 A	M		554
B	M		291
C	M		425
C	M		450,AA
1727 A	M		117
1729 B	M		112
1730 A	M		858,B
A	N		858,B
1735 A	N		604
1737 A	M		325
1739 B	M		433
1741 A	M		473,CC
B	M		272
1742 A			305
A	M		459, N
A'	M		555,C N
B	M		149
1748 A	M		665,CC
C			665,CC
1749 B	M		320
1751 C	M		60
1755 C	N		183
C	N		702,B'
1759 A	N		630,GG
1760 C			546
1765 C	N		272
1768 A	N		681,3
1771 B			427
1772 C			199
1775 B	N		499
1776 C			428,CC
1784 C	N		253, N
C	N		254, N
C	N		255, N
C	N		256, N
D	N		210
E	N		352
1787	N		579
1790 B			375
1791			173,A
			945
1794 C			702,B'
1800 B	M		180
B	N		180

1802 A			949,A'A'
A	N		363,BB
1807 C			701,B'
C			702,A'
1808 A	N		701,B'
1809 A	N		479,BB
1810 A	N		966,A'
C			1079
1823 B	N		681,3
B	N		1111
1833 C	N		305
1835 A	N		762
C			546
1837 C	N		811
C	N		988
1847	N		724,3
1860 A			685,A
A			858,B
A	N		50
A	N		858,B
B			858,B
B	N		50
B	N		858,B
1861 A	N		46
A	N		425
1862 A	N		1024
B	N		1024
1864 A	N		579
1867 B			828
1871	N		34
A			429
A			433
A			533,2
1872 B	N		381
1873 A			286, N
1874 A			229
1877 D			286, N
1878 A	N		555,F
1890 D	M		728
1909 C			581
C			814
1931 B	N		742,5
1933 A			575,CC
1951 A	N		28
A	N		50
B	N		165,B
B	N		298
B	N		805
1955 B			812
C			812
1960 B	N		558,B
1961 C	N		415, N
C	N		774
1965 A	N		724,4
A	N		728
B	P		1091,A
C			1008
1966 A	N		552
B	N		573,CC
1967			216
			821,A N
			821,A,ANM
			1008
			1008
			1008, N
1968 A	N		552
1970 A	N		555,F
A	N		563
A	N		1008
B			552
1971	N		148
	N		210
	N		516,1
	N		527
1973 C			182, N
C			184, N
1978 C	N		68
C	N		406
1979 B	N		305
B	N		473,HH
1981 B	N		628,CD
C	N		628,FF
1982 B	N		665,CC
B			665,CC
1985 B	N		630,CC
1988 A	N		952
1989 A			1114
1992 B	N		581
B	N		585
C	N		642,EE
1993 D			546
1999 D	N		473,CC
D	N		681,4
2002 C			286, N
C	N		652
2005 B			367
2008			423,C

2011 D			665,CC
2012 C	N		392,8
2018 B			771
2022 A			196
A	N		956
2023 A	N		473,HH
2024 A			949,A'A'
2030 B			429
B	N		1106,BB
B	N		1115
2033	N		367
2034 C	N		342
2038 D	N		347, 9
2041	N		173,A
	N		258
	N		971
2042 D			533,2
D	N		112, N
2047 C	N		252
C	N		963
D	N		65
D	N		113
D	N		963
2048	N		165,B
A	N		751,D
C	N		751,D
2051 A	N		485
B	N		533,5
C	N		948
D	N		948
2055 C			760,E
2056 A			585
2058 A			1068
A	N		1065
B			1068
B	N		1065
C	N		1065
C	N		1068
2059 A	N		558,C
2061 B	N		252
2062 B	N		642,FF
2063 A			286, N
2065 A	N		473,AA
B	N		639,F'
2068 B			947
2072 B	N		375
2076 A	N		582
B	N		582
2078 C	N		250
2080 F	N		555,C
2081 A	N		598,A
A	N		605
B	N		598,C
B	N		605
2082 A	N		484
A	N		665,AA
2083 C	N		543
D			325
D			325
D	N		388
D	N		389
D	N		543
2084 B	N		117
2085 A	N		1026
B	N		1026
2086 B	N		630,AA
2087 A	N		533,6
B			774
2090 A	N		199
D	N		681,5
2092 A	N		338
A	N		630,FF
2095 A	N		610
2099 B	N		630,EE
B	N		986
2100 B	N		533,2
B	N		533,2
C	N		579
C	N		639,C'
2102 A	N		473,CC
2104			590,B'
2107 A	N		473,FF
2110 D	N		590,B'
2114 A	N		473,FF
2118 A	N		518,1
2119	N		594
2120			864
B	N		867
2122 D	N		518,1
2123 C	N		531
2125 D	N		518,1
2131	N		273
2155 B	N		445
B	N		518,4
B	N		521
2156 C	N		390
C	N		392,3

2162 B	N		689
B	N		701,C'
2169 B	N		442
2170 C	N		756
2171 A			445
B	N		473,BB
2172 B	N		473,CC
B	N		484
2175 B	N		473,CC
C			274
2177 B			742,3
B			1109
2180 C			810
2192 A	N		630,DD
A	N		747,1,B
2196 C			778
2200 B	N		1055
C	N		476,CC
2201 C			1083
2202 C	N		516,2
C	N		521
2203 B	N		1090
2205	N		521
2212 B			747,3
B.4 S. 12			86
S. 15			345, N
S. 18 FF.			91,A.1
S. 104 FF.			88,A.1
K. PASSIM			1053,A.2
PASSIM			1064
PASSIM			1092,A.1
K.3 S. 27			367
S. 155			896,A.1
IBI			70
			78
		B 7	528
		DD	747,1,B
		R	665,CC
		FR. E	1104,AA
10			1104,AA
12			433
12			1104,AA
14			121
14			512
68			533,4
87			180
89			58
199			483
327			133
531			652
533			558,C
536			828,A.1
547			858,B
553			681,3
561			1096
562			1096
588			80
589			167,AA
590			630,AA
590			1009
593			1141,A
594			167,AA
594			617
594			821,A
594			821,A
594			1008
594			1141,A
595			821,A
595			821,A
595			881
595			1008
600			1012,A
601			1012,A
602			296
622			74
650			573,AA
655			160,AA
672			96
680			966,C'
680			969
690			430
694			80
698			272
735			173,A
738			173,A
740			173,A
741			160,BB
IPWT FR. 8, 10			473,HH
FR. 11			742,7
FR. 11			1109
WJBTN			8,A.3
			70
143			256
160			516,1 N
176			747,1,B
208			574,CC
208			579

WJBTN 210	616	N 1330	112	NT 491	117
221	218	1350+ 1 F.	1101	491	583
N 89	577,A	1350+ 1F	1101	492	665,CC
89	858,A	1350+ 5	252	506	577
171	399, N	1350+10	881	517	473,CC
476	183	1350+63	1068	525	473,CC
583+ 7	210	T. 15 FR. 14	96	528	61
709+ 3	393	T. 15 FR. 29	445	549	437
709+17	554	NT	70	549	439
709+17	555,F		78	556	167,BB
709+24	575,CC		416,A.1	564	517
709+25	828		512	566	581
709+33	144		1116	576	433
709+33	533,4	2	452,ANM	576	612
709+39	473,HH	2	491,C	584	609
709+41	533,4	2	491,C N	588	533,2
709+43	630,GG	2	630,GG	588	579
709+45	574,CC	5	429	597	473,FF
709+52	167,BB	5	434	600	518,1
709+56	366	12	386	601	594
709+56	380	14	392,8	606	681,4
709+57	526	14	604	609	652
709+60	148	14	724,6	612	513
709+60	513	14	801	612	521
709+60	516,1	16	488,CC	615	430
709+60	530	16	1031,A,AA	615	555,A
709+61	601	24	250	617	665,CC
709+62	601	28	52	618	74
709+64	601	28	219	618	353
716	436	28	325	622	74
716	439	28	1076	625	828,A.1
719+ 9	221	31	630,AA	632	74
719+ 9	874	34	518,1	641	496
719+17	128	40	429	647	652
719+17	128	40	1021	653	346
719+17	338	41	1021	653	346
719+17	476,BB	49	182, N	654	229
719+17	601	49	184, N	654	256
719+17	630,FF	54 - 55	483, N	654	858,E
719+19	433	67	1104,AA	655	630,FF
719+21	450,AA	67	1109	659	828
719+22	182, 8	88	111	662	182, 8
719+22	433	88	180	665	338
719+23	1096	92	180	665	1096
739	117	93	574,CC	666	555,C
739	583	97	675	666	724,4
752	376	101	642,CC	666	727,C
757	613	131	639,F'	674	436
760	182, N	153	516,1	675	449
760	184, N	180	425	675	582
761	987	216	639,F'	691	628,CC
762	406	225	483	692	639,A'
765	986	239	483	692	1100
773	987	253	483	693	639,C'
1055+15	375	261	611	694	757,D
1055+15	628,FF	265	674,BB	695	473,BB
1055+26	1112	275	665,FF	696	1068
1055+30	237, N	285	575,CC	697	199
1055+31	366	293	555,F	697	200
1055+31	546	293	565	697	1068
1055+33	598,B	294	665,FF	698	256
1055+34	473,HH	295	483	699	124
1055+35	161,ANM	299	437	701	630,FF
1055+36	812	305	392,6	702	128
1055+39	513	307	1104,AA	707	1095
1055+39	516,1	312	121	712	39
1055+39	519	315	433	712	203
1055+44	1100	315	440	712	950
1055+52	392,5	315	742,2	712	969
1055+53	630,CC	315	1104,AA	712	970
1055+53	632	317	639,F'	712	1009
1055+58	473,CC	319	1104,BB	713	724,2
1055+59	488,BB	323	483	713	946
1055+63	50,ANM	334	167,BB	715	347, 3
1055+66	50	364	1111	717	665,BB
1055+66	223	378	574,CC	722	858,E
1055+67	555,B	382	707	723	325
1055+68	347, 3	382	742,3	724	128
1055+69	858,E	386	180	724	340,AA
1055+74	435	400	630,DD	724	338
1055+74	512	408	533,4 N	725	630,FF
1055+74	724,7	409	843,A	730	665,CC
1079+ 7	747,3,ANM	413	555,C	730	701,D'
1079+ 9	520	414	219	736	392,9
1079+23	466	417	273	736	393
1261+17	1006,AA,A'A'	418	555,A	736	450,AA
1296	959	421	214	741	858,B
1296+ 1	473,FF	424	681,4	744	681,3
1299	473,DD	426	1105	744	681,3
1306	747,1,A	430	579	745	691
1308+28	662	440	454	745	701,B'
1308+33	61	441	183	745	701,B'
1308+42	991	443	481,D'	747	473,CC
1308+48	612	446	214	758	995
1308+69	375	471	762	763	724,4
1326	112	480	665,CC	767	34
1326	112, N	480	687	771	749

NT	772	749	I	NT	794	239	I	NT	827	779
	773	408	I		796	1097	I		831	579
	773	987	I		798	473,CC	I		832	630,CC
	774	995	I		800	167,AA	I		833	437
	777	473,FF	I		804	742,3	I		833	437
	780	581	I		804	1129	I		833	742,3
	782	117	I		818	615	I		836	581
	782	473,HH	I		820	878	I		838	289
	782	581	I		824	531	I		841	167,AA
	798	45	I		826	518,1	I			

```
AAEA 1(1939)                    81              (CLERE)              950,A.1
ABYDOS                      1 T.  54                                 1043
ABYDOS                      3 T.  29  Z. 8                           689
ACTA ORIENTALIA 14(1936)     26 FF.           (SANDER-HANSEN)        318
ACTA ORIENTALIA 14(1936)    286 FF.           (SANDER-HANSEN)        828,A.1
ACMCN.                        5    2                                 753,2,B
ACMCN.                       97                                      238
AEGYPTOLOGISCHE STUDIEN  BERLIN (1955)  S. 54 FF.   (EDEL)           1029,B,A.3
AEGYPTOLOGISCHE STUDIEN  BERLIN (1955)  S. 59      (EDEL)            986,S.504,A.1
AEGYPTUS (1924)             320               (FARINA)              151,S.67,A.1
AEO                         1  108 *                                 249,A.1
AEO                         1  112 *                                 251,A.2
AEO                         2   86 *                                 340,BB
AEO                         2  237 * - 238 *                         881,ANM
AEZ  8(1870)               109               (BRUGSCH)              419
AEZ 39(1901)               130 FF.           (SETHE)               460,A.1
AEZ 41(1904)                89               (SETHE)               412
AEZ 41(1904)                89               (SETHE)               415
AEZ 42(1905)                   T.  1         (BORCHARDT)           89
AEZ 42(1905)               142 - 143         (SETHE)               99,A.2
AEZ 43(1906)               144               (SETHE)               8,A.2
AEZ 44(1907/8)              80               (SETHE)               210,A.1
AEZ 44(1907/8)              80        ANM. 2 (SETHE)               154,A.5
AEZ 45(1908/9)              44 FF.           (SETHE)               65,A.2
AEZ 45(1908/9)              51               (SETHE)               76,A.1
AEZ 45(1908/9)              57 FF.           (GRAPOW)              182, N
AEZ 45(1908/9)              57 FF.           (GRAPOW)              184, N
AEZ 45(1908/9)              73 FF.           (GARDINER)            903,ANM
AEZ 45(1908/9)             134               (GARDINER)            933
AEZ 47(1910)                 7 FF.           (SETHE)               404
AEZ 47(1910)                13 - 14          (SETHE)               406, N
AEZ 47(1910)                59 FF.           (SETHE)               184
AEZ 47(1910)               140               (SETHE)               463,S.209,A.1
AEZ 47(1910)               163               (DEVAUD)              60,A.2
AEZ 49(1911)                15 FF.           (SETHE)               105
AEZ 49(1911)                99               (SETHE)               307
AEZ 50(1912)                57               (SETHE)               306
AEZ 50(1912)               123               (MOELLER)             420, N
AEZ 50(1913)               112        A. 5   (SETHE)               1064
AEZ 50(1913)               112 FF.           (SETHE)               1053,A.2
AEZ 50(1913)               112 FF.           (SETHE)               1064
AEZ 50(1913)               112 FF.           (SETHE)               1092,A.1
AEZ 51(1914)                 1 FF.           (LACAU)               69,A.2
AEZ 51(1914)                42 FF.           (LACAU)               80,A.1
AEZ 52(1915)               107 - 108         (ERMAN)               370, N
AEZ 53(1917)                87               (EMBER)               130,3
AEZ 54(1918)                98               (SETHE)               463,S.209,A.1
AEZ 57(1922)                 1 *             (SETHE)               996,A.2
AEZ 57(1922)                33               (SETHE)               230
AEZ 57(1922)                72               (GUNN)                375
AEZ 57(1922)                97               (KEES)                639,C'
AEZ 57(1922)               101               (KEES)                640
AEZ 57(1922)               103               (KEES)                449
AEZ 57(1922)               103               (KEES)                579
AEZ 58(1923)                12               (SETHE)               202,S.90,A.1
AEZ 58(1923)                18 *             (SETHE)               607,BB
AEZ 58(1923)                45 FF.           (SETHE)               455,A.1
AEZ 58(1923)                53               (SETHE)               367
AEZ 58(1923)               136               (RANKE)               267,A.1
AEZ 59(1924)                63 - 64          (SETHE)               1101,ANM
AEZ 59(1924)                65 FF.           (DE BUCK)             656,A.1
AEZ 59(1924)                71               (GUNN)                229
AEZ 59(1924)                71               (GUNN)                455,A.1
AEZ 60(1925)                80        ANM. 9 (RANKE)               222
AEZ 60(1925)                81               (RANKE)               219
AEZ 60(1925)                85               (KEES)                1108
AEZ 61(1926)                77               (SETHE)               1045
AEZ 61(1926)                78               (SETHE)               1051
AEZ 61(1926)                80               (SETHE)               820
AEZ 61(1926)                80               (SETHE)               1101,ANM
AEZ 62(1927)                66 F.            (WIESMANN)            300, N
AEZ 63(1928)                59               (JUNKER)              947
AEZ 63(1928)                64               (JUNKER)              296, N
AEZ 64(1929)                   T.  3    3    (REISNER)             965
AEZ 64(1929)                   T.  3    3    (REISNER)             966,A'
AEZ 64(1929)                 2               (SETHE)               578
AEZ 64(1929)                 2 -   3         (SETHE)               747,1,A
AEZ 64(1929)                 3               (SETHE)               903
AEZ 64(1929)                 9 FF.           (SETHE)               22,A.1
AEZ 64(1929)                98               (REISNER)             306
AEZ 64(1929)                98    = T. 3,4   (REISNER)             347, 3
AEZ 67(1931)               133 FF.           (ZYHLARZ)             5
AEZ 70(1934)               107 FF.           (ZYHLARZ)             5
AEZ 70(1934)               134               (SETHE)               104,A.2
AEZ 71(1935)                52               (GRAPOW)              574,AA,A.1
AEZ 71(1935)                59               (SPIEGEL)             311,A.2
AEZ 71(1935)                69               (SPIEGEL)             306
AEZ 71(1935)                70 FF.           (SPIEGEL)             656,A.1
AEZ 72(1936)                85    = T. 4,3 Z. 7 (CRAMER)           924,BB
AEZ 75(1939)               118               (SPIEGEL)             99,A.5
AEZ 75(1939)               134 F.            (GRAPOW)              300, N
AEZ 77(1942)                 3 FF.           (JUNKER)              259
AEZ 81(1956)                82               (HECKEL)              909,A,A.1
AEZ 82(1957)                34 FF.           (HECKEL)              1106,BB
AEZ 82(1957)                41 - 44          (HECKEL)              949,B'B'
AEZ 83(1958)                 4 FF.           (EDEL)                1040
AEZ 83(1958)                 4 FF.           (EDEL)                1080
```

AEZ 83(1958)	4 FF.	(EDEL)	1081,A.1
AEZ 83(1958)	8	(EDEL)	473,CCN
AEZ 83(1958)	8	(EDEL)	748,1 N
AEZ 83(1958)	8	(EDEL)	878, N
AEZ 83(1958)	8	(EDEL)	896
AEZ 83(1958)	10	(EDEL)	748,1 N
AEZ 83(1958)	10	(EDEL)	979A, N
AEZ 83(1958)	10	(EDEL)	1073
AEZ 83(1958)	11	(EDEL)	366, N
AEZ 83(1958)	11	(EDEL)	473,CCN
AEZ 83(1958)	11	(EDEL)	650,1 N
AEZ 83(1958)	11	(EDEL)	878, N
AEZ 83(1958)	11 - 12	(EDEL)	748,1 N
AEZ 83(1958)	11 - 12	(EDEL)	873,1
AEZ 83(1958)	15 - 16	(EDEL)	775, N
AEZ 83(1958)	16	(EDEL)	775
AEZ 84(1959)	30 FF.	(EDEL)	992
AEZ 84(1959)	43 FF.	(EDEL)	751
AEZ 84(1959)	46 FF.	(EDEL)	751,A
AEZ 84(1959)	52	(EDEL)	751,A
AEZ 84(1959)	52	(EDEL)	751,B
AEZ 84(1959)	105 - 108	(EDEL)	455, N
AEZ 84(1959)	105 - 108	(EDEL)	579, N
AEZ 84(1959)	106 - 108	(EDEL)	425, N
AEZ 84(1959)	106 - 108	(EDEL)	681,3 N
AEZ 84(1959)	108 - 109	(EDEL)	530, N
AEZ 84(1959)	108 FF.	(EDEL)	516,1 N
AEZ 84(1959)	109	(EDEL)	518,1 N
AEZ 84(1959)	109	(EDEL)	525, N
AEZ 84(1959)	109 FF.	(EDEL)	511, N
AEZ 84(1959)	111 - 112	(EDEL)	448, N
AEZ 84(1959)	112	(EDEL)	557, N
AEZ 84(1959)	112 - 113	(EDEL)	667, N
AEZ 85(1960)	82 - 83	(EDEL)	673, N
AJSL 48(1931)	42	(EDGERTON)	22
ALBRIGHT, JAOS 66(1946)	316 FF.		108,S.48,A.2
ALBRIGHT, JAOS 66(1946)	317		110,S.49,A.1
ALBRIGHT, JAOS 66(1946)	319		131,A.2
ALBRIGHT, JAOS 66(1946)	319		137,A.1
ALBRIGHT, JAOS 66(1946)	320		123,S.55,A.2
ALBRIGHT, JEA 12(1926)	186 FF.		392
ALBRIGHT, JNES 5(1946)	17		151,A.2
ALBRIGHT, JNES 5(1946)	19		340,BB,A.1
ALBRIGHT, VESO			48,A.1
ALBRIGHT, VESO	31		137,A.2
ALLEN, HANDB.	25		602
AMER. JOURN. OF ARCH. 46(1942)	517	(STEV. SMITH)	909,A
ANTHES, AEG. PLASTIK	T. 6		57
APAW (1910)		(RANKE)	108,A.2
APAW (1914)		(GRAPOW)	253, N
APAW (1914)		(GRAPOW)	254, N
APAW (1914)		(GRAPOW)	255, N
APAW (1914)		(GRAPOW)	256, N
ARCHIV ORIENTALNI 20(1952)	397 FF.	(DE BUCK)	1006,AA,B'B',A.2
ASAE 3(1902)	122 FF. T. 5	(FRASER)	145, N
ASAE 3(1902)	256	(QUIBELL)	263
ASAE 3(1902)	256	(QUIBELL)	274
ASAE 3(1902)	256	(QUIBELL)	279
ASAE 4(1903)	86	(KAMAL)	229
ASAE 15(1915)	228	(KAMAL)	244
ASAE 25(1925)	T. 1	(GUNN)	86
ASAE 25(1925)	T. 1 1	(GUNN)	993
ASAE 25(1925)	T. 1 3	(GUNN)	555,C
ASAE 25(1925)	T. 1 4 - 5	(GUNN)	856
ASAE 25(1925)	T. 1 6	(GUNN)	322
ASAE 25(1925)	T. 1 A 4	(GUNN)	691
ASAE 25(1925)	242 FF.	(GUNN)	10,A. 7
ASAE 25(1925)	248 T. 1 5	(GUNN)	980
ASAE 25(1925)	248 T. 1 5-6	(GUNN)	824,CC
ASAE 25(1925)	249 T. 1 4	(GUNN)	929
ASAE 25(1925)	249 T. 1 4-5	(GUNN)	933
ASAE 25(1925)	251	(GUNN)	347, 2
ASAE 26(1926)	72 - 76	(LACAU)	116
ASAE 27(1927)	216	(GUNN)	14
ASAE 27(1927)	216 FF.	(GUNN)	11
ASAE 27(1927)	226 - 227	(GUNN)	1132
ASAE 27(1927)	227	(GUNN)	1131,A.1
ASAE 27(1927)	227	(GUNN)	1138
ASAE 27(1927)	228 Z. 14	(GUNN)	750,3,B
ASAE 27(1927)	229	(GUNN)	1137,A.2
ASAE 27(1927)	230	(GUNN)	179
ASAE 34(1934)	76	(JEQUIER)	134
ASAE 34(1934)	206	(KEIMER)	117,A.1
ASAE 36(1936)	36	(VANDIER)	281
ASAE 36(1936)	36	(VANDIER)	396
ASAE 36(1936)	36	(VANDIER)	681,5
ASAE 36(1936)	36	(VANDIER)	923
ASAE 37(1937)	110 F. 3	(LAUER)	366, N
ASAE 37(1937)	117	(GARNOT)	831
ASAE 37(1937)	117	(GARNOT)	853
ASAE 38(1938)	T. 96	(HASSAN)	392,3
ASAE 38(1938)	T. 96	(HASSAN)	394
ASAE 38(1938)	T. 96	(HASSAN)	909
ASAE 39(1939)	71	(DRIOTON)	517, N
ASAE 39(1939)	73	(DRIOTON)	517, N
ASAE 39(1939)	189 Z. 14	(ROWE)	906,AA
ASAE 40(1940)	623	(DRIOTON)	758,A,A.1

ASAE 40(1940)	681	(ZAKY SAAD)	639,C'
ASAE 40(1940)	688	(ZAKY SAAD)	269,ANM2
ASAE 40(1940)	691	(ZAKY SAAD)	748,1
ASAE 40(1940)	691	(ZAKY SAAD)	748,1 N
ASAE 40(1940)	691	(ZAKY SAAD)	982
ASAE 42(1942)	26	(GRDSELOFF)	246
ASAE 42(1942)	32	(GRDSELOFF)	342
ASAE 42(1943)	43	(GRDSELOFF)	993
ASAE 42(1943)	56	(GRDSELOFF)	245
ASAE 43(1943)	311 FF.	(GRDSELOFF)	218
ASAE 43(1943)	312	(GRDSELOFF)	208,A.2
ASAE 43(1943)	490	(DRIOTON)	564
ASAE 43(1943)	495	(DRIOTON)	282
ASAE 43(1943)	495	(DRIOTON)	476,CC
ASAE 43(1943)	495	(DRIOTON)	628,CC
ASAE 43(1943)	496	(DRIOTON)	639,C'
ASAE 43(1943)	499	(DRIOTON)	319
ASAE 43(1943)	499	(DRIOTON)	587
ASAE 43(1943)	503	(DRIOTON)	279
ASAE 43(1943)	503	(DRIOTON)	505
ASAE 43(1943)	503	(DRIOTON)	553,B
ASAE 43(1943)	503	(DRIOTON)	598,C
ASAE 43(1943)	503	(DRIOTON)	749
ASAE 43(1943)	503	(DRIOTON)	937
ASAE 43(1943)	503	(DRIOTON)	1133
ASAE 43(1943)	503	(DRIOTON)	1136
ASAE 43(1943)	504	(DRIOTON)	160,AA
ASAE 43(1943)	504	(DRIOTON)	345
ASAE 43(1943)	504	(DRIOTON)	639,D'
ASAE 43(1943)	504	(DRIOTON)	642,AA
ASAE 43(1943)	505	(DRIOTON)	134
ASAE 43(1943)	505	(DRIOTON)	995
ASAE 43(1943)	505	(DRIOTON)	1083
ASAE 43(1943)	505	(DRIOTON)	1091,A
ASAE 43(1943)	506	(DRIOTON)	667
ASAE 43(1943)	510	(DRIOTON)	282
ASAE 43(1943)	510	(DRIOTON)	473,CC
ASAE 43(1943)	510	(DRIOTON)	481,B'
ASAE 43(1943)	510	(DRIOTON)	1076
ASAE 43(1943)	510	(DRIOTON)	1079
ASAE 48(1948)	509	(GRDSELOFF)	765,B
ASAE 49(1949)	66 FF.	(DRIOTON)	274,A.1
ASAE 51(1951)	444	(CERNY)	420
ASAE 55(1958)	240	(DRIOTON-LAUER)	510, N
ASAE 55(1958)	240	(DRIOTON-LAUER)	550, N
ASAE 55(1958)	240	(DRIOTON-LAUER)	1044
ASAE 55(1958)	240	(DRIOTON-LAUER)	1130,1
ASSUAN, GRAB 98			344, N
ASTARTE	2	X + 5	748,1

ATLAS	1 T. 103		600	I	ATLAS	3 T. 34		357
ATLAS	1 T. 104		134	I	ATLAS	3 T. 34		734
ATLAS	1 T. 109		690	I	ATLAS	3 T. 34		883
ATLAS	1 T. 109	OBEN RECHTS	685,B	I	ATLAS	3 T. 34		958
ATLAS	1 T. 110		59	I	ATLAS	3 T. 34	OBERE REIHE RECHTS	265
ATLAS	1 T. 110		92	I	ATLAS	3 T. 34	UNTEN RECHTS	347, 1
ATLAS	1 T. 380		693	I	ATLAS	3 T. 35		246
ATLAS	1 T. 409		265	I	ATLAS	3 T. 35		685,G
ATLAS	3 T. 9		607,CC	I	ATLAS	3 T. 35		694
ATLAS	3 T. 9		750,2,B	I	ATLAS	3 T. 35	1. REIHE V.UNTEN,MI.	66
ATLAS	3 T. 10		501	I	ATLAS	3 T. 35	2. REIHE V.UNTEN,MI.	60
ATLAS	3 T. 10		911	I	ATLAS	3 T. 35	2. REIHE V.UNTEN,MI.	65
ATLAS	3 T. 13		693	I	ATLAS	3 T. 35	2. REIHE VON UNTEN	327
ATLAS	3 T. 15		860	I	ATLAS	3 T. 37	OBEN RECHTS	325
ATLAS	3 T. 15		919,A	I	ATLAS	3 T. 37	UNTEN RECHTS	325
ATLAS	3 T. 15		928	I	ATLAS	3 T. 38		772
ATLAS	3 T. 15	2. REIHE VON UNTEN	613	I	ATLAS	3 T. 38	OBEN LINKS	611
ATLAS	3 T. 15	2. REIHE VON UNTEN	926	I	ATLAS	3 T. 39		227
ATLAS	3 T. 16	2. REIHE VON OBEN	129	I	ATLAS	3 T. 44		256
ATLAS	3 T. 18		862	I	ATLAS	3 T. 44		630,CC
ATLAS	3 T. 22		170,C	I	ATLAS	3 T. 44	1. REIHE VON OBEN	130,3
ATLAS	3 T. 22		742,2	I	ATLAS	3 T. 45	UNTEN MITTE	621
ATLAS	3 T. 22		743	I	ATLAS	3 T. 46		243,AA
ATLAS	3 T. 22		878	I	ATLAS	3 T. 46		859
ATLAS	3 T. 22		1106,AA	I	ATLAS	3 T. 46		919,A
ATLAS	3 T. 22	2. REIHE VON UNTEN	129	I	ATLAS	3 T. 46		1012,B
ATLAS	3 T. 24		245	I	ATLAS	3 T. 46	2. REIHE VON UNTEN	146
ATLAS	3 T. 24		472	I	ATLAS	3 T. 47		210
ATLAS	3 T. 24		734	I	ATLAS	3 T. 47	2. REIHE VON UNTEN	132
ATLAS	3 T. 24		883	I	ATLAS	3 T. 47	UNTEN	607,BB,1
ATLAS	3 T. 24		1002	I	ATLAS	3 T. 48		243,AA
ATLAS	3 T. 24		1110	I	ATLAS	3 T. 48	2. REIHE VON UNTEN	148
ATLAS	3 T. 25		688	I	ATLAS	3 T. 48	LINKS	598,A
ATLAS	3 T. 25		1110	I	ATLAS	3 T. 49		247
ATLAS	3 T. 27		120	I	ATLAS	3 T. 49		286, N
ATLAS	3 T. 27		860	I	ATLAS	3 T. 49		561
ATLAS	3 T. 28		687	I	ATLAS	3 T. 49		768,C
ATLAS	3 T. 29		201	I	ATLAS	3 T. 49	2. REIHE	607,BB,1
ATLAS	3 T. 29		941	I	ATLAS	3 T. 50		286, N
ATLAS	3 T. 29	UNTEN	607,BB	I	ATLAS	3 T. 50		691
ATLAS	3 T. 33		189	I	ATLAS	3 T. 50	MITTE	616
ATLAS	3 T. 33		210	I	ATLAS	3 T. 51		286, N
ATLAS	3 T. 33		246	I	ATLAS	3 T. 51		404
ATLAS	3 T. 33		693	I	ATLAS	3 T. 51		573,CC
ATLAS	3 T. 33		760,E	I'	ATLAS	3 T. 51		845
ATLAS	3 T. 33		909,A	I	ATLAS	3 T. 51		846,A'
ATLAS	3 T. 34		210	I	ATLAS	3 T. 51		860

ATLAS 3 T. 51		884	I	ATLAS 3 T. 62	OBEN	607,CC
ATLAS 3 T. 51		1015	I	ATLAS 3 T. 69		101
ATLAS 3 T. 51	MITTE RECHTS	694	I	ATLAS 3 T. 70		685,B
ATLAS 3 T. 51	RECHTS	93	I	ATLAS 3 T. 70		685,C
ATLAS 3 T. 51	UNTEN	691	I	ATLAS 3 T. 70	2. REIHE VON UNTEN	693
ATLAS 3 T. 52		742,3	I	ATLAS 3 T. 70	OBEN LINKS	687
ATLAS 3 T. 52		860	I	ATLAS 3 T. 70	OBERE REIHE	275
ATLAS 3 T. 52		1116	I	ATLAS 3 T. 70	(TI)	114
ATLAS 3 T. 52	OBEN LINKS	618	I	ATLAS 3 T. 71		734
ATLAS 3 T. 52	OBERE REIHE	167,CC	I	ATLAS 3 T. 71	2. STREIFEN V. UNTEN	610
ATLAS 3 T. 52	UNTEN LINKS	93	I	ATLAS 3 T. 71	UNTEN	883
ATLAS 3 T. 53		244	I	ATLAS 3 T. 72		481,C'
ATLAS 3 T. 53	2. REIHE VON OBEN	146	I	ATLAS 3 T. 72		750,3,A
ATLAS 3 T. 53	OBEN MITTE	621	I	ATLAS 3 T. 75		860
ATLAS 3 T. 54		37	I	ATLAS 3 T. 79		690
ATLAS 3 T. 54		357	I	ATLAS 3 T. 79		690
ATLAS 3 T. 54		860	I	ATLAS 3 T. 79	UNTEN RECHTS	325
ATLAS 3 T. 54		927	I	ATLAS 3 T. 117		590,B'
ATLAS 3 T. 54	MITTE	273	I	ATLAS 3 T. 117		600
ATLAS 3 T. 56 B		691	I	ATLAS 3 T. 117		600
ATLAS 3 T. 57 A		138	I	ATLAS 3 T. 117		618
ATLAS 3 T. 57 A		758	I	ATLAS 3 T. 117	UNTEN LINKS	607,BB,4
ATLAS 3 T. 61		606	I	ATLAS 3 T. 117	UNTEN LINKS	607,CC
ATLAS 3 T. 61	OBEN LINKS	616	I	ATLAS 3 T. 118		750,3,A
ATLAS 3 T. 62	OBEN	607,AA	I			

BAER, RANK AND TITLE IN THE OLD KINGDOM (1960) S. 289				146, N
BAR	1 $ 328			997,A.2
BARGUET, REV. D'EGYPT. 9(1952)	5			514, N
BASOR 122(1951)	9 - 12		(EDGERTON)	21, N
BAUER	B 1	29		617,ANM
BAUER	B 1	180		753,2,B
BAUER	B 1	222		1106,BB
BAUER	B 1	223		804,ANM
BAUER	B 1	321 - 322		519
BAUER	BT.	30 - 31		377
BAUER	R	71		630,FF
BH	1 25	54		358,A.1
BH	1 25	101 - 102		767
BH	1 26	166 - 167		357
BH	1 29			426, N
BH	2 4			426, N
BH	2 13			426, N
BIBL. ORIENTALIS J.4,NR.5(1947)	102 FF.		(POLOTSKY)	467,A.1
BIFAO 16(1919)	245 FF.		(LORET)	455,A.1
BIFAO 40(1941)	60		(MAYSTRE)	830
BIFAO 42(1943)	T. 36, 8		(PIANKOFF)	491,C N
BIFAO 47(1948)	102 F.		(WEILL)	370,A.1
BIFAO 52(1953)	8 - 50		(LACAU)	448, N
BIFAO 52(1953)	38	ANM. 3	(LACAU)	219, N
BIFAO 52(1953)	51 - 56		(LACAU)	557, N
BIFAO 56(1957)	161 FF.		(LACAU)	286, N
BIFAO 56(1957)	168		(LACAU)	286, N
BLACKMAN, JEA 16(1930)		67		1060,A.1
BLACKMAN, JEA 22(1936)		42		1060,A.1
BLN	113			602
BLN	261 E 3			360
BLN	1108			117
BLN	13272	4		342,ANM2
BM	574	18		129,A.1
BM	614	2		808A
BM	614	4		808A
BM	828			167,AA
BM	1059	4		832
BM	1164	9		832
BM	1164	12		832
BM	1203	9		1081
BM	1671	5		1081
BM	1671	6		1032,B
BORCH. KLEINIGK.	A. 1	BL. 14		420
BORCHARDT, AEZ 42(1905)		T. 1		89
BOSTON	21308			101, N
BOSTON	27444			960
BOSTON	27444			972
BOSTON	213081			630,AA
BROCKELMANN, GRUNDR.D.VERGL.GRAMM.D.SEM.SPRACHEN 1(1908) § 242				269,ANM,A.2
BRUGSCH, AEZ 8(1870)		109		419
BRUGSCH, DIE AEGYPTOLOGIE S. 340				339,A.2
BRUGSCH, DIE AEGYPTOLOGIE S. 353				413,A.2
BSAC 13(1950)		13 FF.	(TILL)	153,A.3
BUDGE	S. 266	1		617,ANM
BUDGE	S. 458	11		238
BUDGE	S. 458	23		238
BURCHARDT, FREMDWORTE				48,A.1
BURCHARDT, FREMDWORTE $ 134				42
CALICE, GRUNDLAGEN DER AEGYPT.-SEMIT. WORTVERGLEICHUNG (1936)				5
CALICE, WZKM (1936)		BEIHEFTE 1		108,S.48,A.1
CALICE, ZDMG 85(1931)		37		130,4,A.1
CAPART, CDE 28(1939)		339		762,C
CAPART, CDE 28(1939)		339		1099,B
CAPART, CHAMBRE FUN.	T. 1			59
CAPART, MEMPH.	F. 357			693
CAT. D'AB.	N. 941			646
CD	163			685,C
CD	185 B			453
CD	186 B			240
CD	193			685,C

CC		195	685,C
CC		237	685,C
CC		347 A	406, N
CC		432 B	334
CC		487	685,C
CC		582 A	341
CD		611 B	347, 6
CDE 28(1939)		339 (CAPART)	762,C
CCE 28(1939)		339 (CAPART)	1099,B
CERNY, ASAE 51(1951)		444	420
CERNY, JEA 27(1941)		106 FF.	174
CHASSINAT, REC. 22(1900)		20	1139
CHASSINAT-PALANQUE, FOUILLES D'ASSIOUT		55	368
CHASSINAT-PALANQUE, FOUILLES D'ASSIOUT		232	428,AA
CLERE, AAEA 1(1939)		81	950,A.1
CLERE, COMPTES RENDUS DU GLECS 3(1939)		47 FF.	208,A.3
CLERE, JEA 25(1939)		216	982
CLERE, L'EMPLOI DU SIGNE DU ROSEAU (I) S. 76 - 78			213, N
CLERE-PIANKOFF, JEA 20(1934)		157 FF.	10,A. 9
CLERE-PIANKOFF, JEA 20(1934)		158 Z. 17	1016,B
CLERE-PIANKOFF, JEA 20(1934)		158 Z. 17 - 18	1015
COFFIN		B 10 C 334	747,2,B
COHEN, MEL. MASP.		2 705	427,A.2
CRAIBL (1937)		242 Z. 4 (MORET)	454
CRAIBL (1937)		242 Z. 12 (MORET)	630,GG
CRAMER, AEZ 72(1936)		85 = T. 4,3 Z. 7	924,BB
CRUM, JEA 28(1942)		28	249
CRUM, JEA 28(1942)		28	249
CRUM, JEA 28(1942)		28	251

CT	1	1		583	I	CT	1	398 A		557	
CT	1	20 B		459	I	CT	1	398 B		557	
CT	1	24 B	T9C	577	I	CT	1	398 C		531	
CT	1	32 A		747,2,B	I	CT	1	400 A		1050, N	
CT	1	32 B		847	I	CT	1	403 C		681,5	
CT	1	41 B		165,E	I	CT	1	404 B	S1C	742,7	
CT	1	45 A		639,C',ANM	I	CT	2	34 A		738	
CT	1	48 C		227	I	CT	2	58 C		731	
CT	1	49 B		218	I	CT	2	58 C		737	
CT	1	65 D		392,4	I	CT	2	94 G		629, N	
CT	1	70 C		427,ANM1	I	CT	2	95 E		629, N	
CT	1	71 D		1120	I	CT	2	100 A		629, N	
CT	1	72 C		428,BB	I	CT	2	103 C		345, N	
CT	1	81 A		598,A	I	CT	2	109 F		1069	
CT	1	81 A		600	I	CT	2	109 F		1072	
CT	1	81 L		454	I	CT	2	109 F		1091,B,ANM1	
CT	1	84 C		1070	I	CT	2	117 M		392,5 N	
CT	1	94 C		747,1,A	I	CT	2	120 I		558,C N	
CT	1	107 B		748,2	I	CT	2	125 F		836	
CT	1	107 C		902	I	CT	2	125 F		1027	
CT	1	108 A		748,2	I	CT	2	125 F.		924,AA	
CT	1	108 A		748,3	I	CT	2	157 I		368	
CT	1	108 A		748,3 N	I	CT	2	174 I		1123	
CT	1	113 A		606	I	CT	2	198 B		325	
CT	1	113 A		607,BB	I	CT	2	202 A		579	
CT	1	113 B		610	I	CT	2	213 C		610	
CT	1	115 A		609	I	CT	2	226 D		1104,CC	
CT	1	135 B		579	I	CT	2	242 B		831	
CT	1	135 B		579	I	CT	2	243 C		831	
CT	1	141 B		747,2,B	I	CT	2	266 B		685,A	
CT	1	141 B		747,2,B	I	CT	2	266 D		685,A	
CT	1	141 C	B4L	160,BB	I	CT	2	266 E		685,A	
CT	1	173 G		758,K	I	CT	2	290 E		203	
CT	1	183 A		605	I	CT	2	290 E		1010	
CT	1	225 A		831	I	CT	2	292 A		1012,B	
CT	1	227 B		838	I	CT	2	292 A		1012,B	
CT	1	227 C		842	I	CT	2	350 A		1032,B	
CT	1	227 C		838	I	CT	2	359 C	PASS.	881	
CT	1	227 D		838	I	CT	2	396 B		301	
CT	1	271 A		325	I	CT	2	400 A		738	
CT	1	279 B		200	I	CT	2	400 B		738	
CT	1	280 C		838	I	CT	2	400 C		738	
CT	1	280 F		1093	I	CT	2	401 A		738	
CT	1	280 F		1093	I	CT	2	401 B		738	
CT	1	281 A		531	I	CT	3	59 A		574,BB	
CT	1	284 C		1128	I	CT	3	59 B		1006,AA,B'B'	
CT	1	286 A		555,C N	I	CT	3	76 N		573,AA	
CT	1	287 E		681,3	I	CT	3	130 G		533,2	
CT	1	287 F		681,3	I	CT	3	142 D		445	
CT	1	288 B		392,4	I	CT	3	142 D		518,4	
CT	1	303 E		389	I	CT	3	142 D		518,4	
CT	1	307 B		742,5	I	CT	3	142 D		531	
CT	1	307 B		744	I	CT	3	143 F		443	
CT	1	307 H		898	I	CT	3	143 F		450,BB	
CT	1	308 A		898	I	CT	3	148 B		574,CC	
CT	1	308 C		898	I	CT	3	148 B		574,CC	
CT	1	308 D		898	I	CT	3	148 B		630,AA	
CT	1	308 D - E		898	I	CT	3	149 B		574,CC	
CT	1	308 G		613,ANM	I	CT	3	149 B		574,CC	
CT	1	308 G		747,1,B	I	CT	3	149 B		630,AA	
CT	1	311 I		392,4	I	CT	3	151 B		691	
CT	1	325 C		573,AA	I	CT	3	156 C		854	
CT	1	376 C		399	I	CT	3	159 B		473,FF	
CT	1	376 C		400	I	CT	3	174 I		255, N	
CT	1	397 A		747,1,C	I	CT	3	197 A		573,AA	
CT	1	397 A		747,2,B	I	CT	3	201 I		1110	
CT	1	397 B		521, N	I	CT	3	202 I		821,A N	

CT	3	202 I	1119	I
CT	3	202 I	1119, N	I
CT	3	272 B	581	I
CT	3	274 B	516,2 N	I
CT	3	280 A	516,2 N	I
CT	3	284 B	630,FF	I
CT	3	284 C	630,FF	I
CT	3	285 A	633,FF	I
CT	3	291 B	790	I
CT	3	291 B	791	I
CT	3	292 A	782	I
CT	3	292 A	783	I
CT	3	293 B	812	I
CT	3	293 C - E	753,2,C	I
CT	3	296 F	558,B	I
CT	3	303 I	558,B	I
CT	3	310 C	426, N	I
CT	3	325 E	426, N	I
CT	3	383 A	301, N	I
CT	3	S. IX ANM. 1	213, N	I
CT	4	58 I	112, N	I
CT	4	59 M	112, N	I
CT	4	59 M	533,2	I
CT	4	79 H	747,2,B	I
CT	4	79 H	747,2,B	I
CT	4	146 N	456	I
CT	4	146 N	491,C	I
CT	4	163 G	436	I
CT	4	163 G	742,4	I
CT	4	163 G	1128	I

CT	4	253 D	M4C	213, N
CT	4	276 B	M4C	213, N
CT	4	286 A	M4C	213, N
CT	4	305 B		516,1 N
CT	5	45 F	A1C	1006,AA,B'B'
CT	5	74 B		1006,AA,B'B'
CT	5	74 M		1006,AA,B'B'
CT	5	74 M		1006,AA,B'B'
CT	5	78 B	SQ1SQ	1006,AA,B'B'
CT	5	78 B	SQ7SQ	1006,AA,B'B'
CT	5	108 F	T1BE	1006,AA,B'B'
CT	5	129 B		249, N
CT	5	206 M		255, N
CT	5	207 C		731, N
CT	5	221 A		392,5 N
CT	5	236 G		531, N
CT	5	238 C		531, N
CT	5	288 C		531, N
CT	5	293 E		182, N
CT	5	293 E		184, N
CT	5	293 E		325, N
CT.	5	294 E		182, N
CT	5	294 E		184, N
CT	5	295 B		182, N
CT	5	295 B		184, N
CT	5	315 H		630,CCN
CT	6	207 P		1102,A.2
CT	6	207 P		1102,A.2
CT	6	207 P		1104,CC
CT	6	226 D		1102,A.2

CZERMAK, DIE LAUTE DER AEGYPTISCHEN SPRACHE, WIEN (1931 -1934)				108,S.48,A.2
DARESSY, REC. 16(1894)		130		724,4
DAV. PTAH.	1 T.	3		592
DAV. PTAH.	2 T.	5		250
DAV. PTAH.	2 T.	5		693
DAV. PTAH.	2 T.	8		329
DAV. PTAH.	2 T.	8		602
DAV. PTAH.	2 T.	11		592
DAV. PTAH.	2 T.	13		685,B
DAV. PTAH.	2 T.	14		273
DAV. PTAH.	2 T.	14		685,B
DAV. PTAH.	2 T.	18		296
DAV. REKH.	T. 99			1104,BB
DE BUCK, AEZ 59(1924)			65 FF.	656,A.1
DE BUCK, ARCHIV ORIENTALNI 20(1952)			397 FF.	1006,AA,B'B',A.2
DEND.	T.	4		145, N
DEND.	T.	5 A		581
DEND.	T.	6		885
DEND.	T.	7		630,CC
DEND.	T.	7 A		832
DEND.	T.	7 A		1081
DEND.	T.	10	MITTE RECHTS, Z. 3	397
DEND.	T.	10	RECHTS, Z. 3	396
DEND.	T.	10 A		573,AA
DEND.	T.	15		1081
DESHASHE	T.	15		794
DEVAUD, AEZ 47(1910)		163		60,A.2
DEVAUD, ETUD.		37		688
DRAMATISCHER RAMASSEUSPAPYRUS				901,ANM
DRIOTON, ASAE 39(1939)		71		517, N
DRIOTON, ASAE 39(1939)		73		517, N
DRIOTON, ASAE 40(1940)		620		758,A,A.1
DRIOTON, ASAE 43(1943)		490		564
DRIOTON, ASAE 43(1943)		495		282
DRIOTON, ASAE 43(1943)		495		476,CC
DRIOTON, ASAE 43(1943)		495		628,CC
DRIOTON, ASAE 43(1943)		496		639,C'
DRIOTON, ASAE 43(1943)		499		319
DRIOTON, ASAE 43(1943)		499		587
DRIOTON, ASAE 43(1943)		503		279
DRIOTON, ASAE 43(1943)		503		505
DRIOTON, ASAE 43(1943)		503		553,B
DRIOTON, ASAE 43(1943)		503		598,C
DRIOTON, ASAE 43(1943)		503		749
DRIOTON, ASAE 43(1943)		503		937
DRIOTON, ASAE 43(1943)		503		1133
DRIOTON, ASAE 43(1943)		503		1136
DRIOTON, ASAE 43(1943)		504		160,AA
DRIOTON, ASAE 43(1943)		504		345
DRIOTON, ASAE 43(1943)		504		639,D'
DRIOTON, ASAE 43(1943)		504		642,AA
DRIOTON, ASAE 43(1943)		505		134
DRIOTON, ASAE 43(1943)		505		995
DRIOTON, ASAE 43(1943)		505		1083
DRIOTON, ASAE 43(1943)		505		1091,A
DRIOTON, ASAE 43(1943)		506		667
DRIOTON, ASAE 43(1943)		510		282
DRIOTON, ASAE 43(1943)		510		473,CC
DRIOTON, ASAE 43(1943)		510		481,B'
DRIOTON, ASAE 43(1943)		510		1076
DRIOTON, ASAE 43(1943)		510		1079
DRIOTON, ASAE 49(1949)		66 FF.		274,A.1
DRIOTON, MEL. DUSSAUD		497		1104,BB
DRIOTON, MEL. DUSSAUD		497		1106,BB
DRIOTON, MEL. DUSSAUD		501		658
DRIOTON, MEL. DUSSAUD		501	ANM. 1	858,C,A.1

```
          DRIOTON, REV. D'EGYPT. 11(1957)  39                        202, N
          DRIOTON-LAUER, ASAE 55(1958)    240                        510, N
          DRIOTON-LAUER, ASAE 55(1958)    240                        550, N
          DRIOTON-LAUER, ASAE 55(1958)    240                        1044
          DRIOTON-LAUER, ASAE 55(1958)    240                        1130,1
          DUNHAM, JEA 24(1938)                  T. 2  Z. 9           872,1
          DUNHAM, JEA 24(1938)            1 FF.                       887
          DUNHAM, JEA 24(1938)            2                          249
          DUNHAM, JEA 24(1938)            2     9                     494
          DUNHAM, JEA 24(1938)            2  Z. 5                     734
          DUNHAM, JEA 24(1938)            3                          258
          DUNHAM, JEA 24(1938)            3                          734
          DUNHAM, JEA 24(1938)            3                          811
          DUNHAM, JEA 24(1938)            3                          901
          DUNHAM, JEA 24(1938)            3                          1148,A.1
          DUNHAM, JEA 24(1938)            4     ANM. 10               33
          DUNHAM, JEA 24(1938)            5 -   6                     672
          DUNHAM, JEA 24(1938)            8     ANM.                  116
```

```
E   $ 106           258              I      E    $ 525           1053,A.2
E   $ 128           453              I      E    $ 525           1064
E   $ 171           195              I      E    $ 525           1064
E   $ 187 B         259              I      E    $ 525           1071
E   $ 210           308              I      E    $ 525           1092,A.1
E   $ 222           358              I      E    $ 546 A         1050, N
E   $ 227           463,S.209,A.1    I      E3   $ 330    ANM. 2  153
E   $ 231 B         370, N           I      E3   $ 330    ANM. 2  153,S.68,A.1
E   $ 267           456,A.2          I      E3   $ 432           681,3
E   $ 269 A         427,A.2          I      EA     1     2       947
E   $ 287 A A       512              I      EBERS  35    10      1060
E   $ 288           453              I      EBERS  36    18      574,DD
E   $ 297 A         513              I      EBERS  37    18      575,CC
E   $ 297 A         513,A.2          I      EBERS  41    1       574,DD
E   $ 325           576,A.1          I      EBERS  49    8       1034
E   $ 325    ANM.   596,ANM          I      EBERS  49    12      215,A.2
E   $ 326           574,CC           I      EBERS  51    18      570
E   $ 329           577              I      EBERS  58    10      821,A
E   $ 330           577              I      EBERS  88    19      516,1
E   $ 331 A         950,A.1          I      EBERS  88    19      529
E   $ 393           626              I      EBERS  89    20      1060
E   $ 395           661,B            I      EBERS  91    3       1034
E   $ 417           723              I      EBERS  91    3       1034,A.1
E   $ 425           667              I      EBERS  91    16      516,1
E   $ 464 B         858,E,ANM        I      EBERS  91    16      529
E   $ 489 A         846, N           I      EBERS  93    1       1060
E   $ 489 C         846, N           I      EBERS  97    18      219, N
E   $ 518 A         1130,2           I      EBERS  101   6       286, N
E   $ 518 A         1131,A.1         I      EBERS  109   20      575,CC
E   $ 521 A         1104,BB          I      EBERS  110   5       574,DD
E   $ 521 A         1106,BB          I
```

```
          EDEL, AEGYPTOLOGISCHE STUDIEN BERLIN (1955)  S. 54 FF.     1029,B,A.3
          EDEL, AEGYPTOLOGISCHE STUDIEN BERLIN (1955)  S. 59         986,S.504,A.1
          EDEL, AEZ 83(1958)             4 FF.                       1040
          EDEL, AEZ 83(1958)             4 FF.                       1080
          EDEL, AEZ 83(1958)             4 FF.                       1081,A.1
          EDEL, AEZ 83(1958)             8                          473,CCN
          EDEL, AEZ 83(1958)             8                          748,1 N
          EDEL, AEZ 83(1958)             8                          878, N
          EDEL, AEZ 83(1958)             8                          896
          EDEL, AEZ 83(1958)            10                          748,1 N
          EDEL, AEZ 83(1958)            10                          979A, N
          EDEL, AEZ 83(1958)            10                          1073
          EDEL, AEZ 83(1958)            11                          366, N
          EDEL, AEZ 83(1958)            11                          473,CCN
          EDEL, AEZ 83(1958)            11                          650,1 N
          EDEL, AEZ 83(1958)            11                          878, N
          EDEL, AEZ 83(1958)            11 -  12                     748,1 N
          EDEL, AEZ 83(1958)            11 -  12                     873,1
          EDEL, AEZ 83(1958)            15 -  16                     775, N
          EDEL, AEZ 83(1958)            16                          775
          EDEL, AEZ 84(1959)            30 FF.                       992
          EDEL, AEZ 84(1959)            43 FF.                       751
          EDEL, AEZ 84(1959)            46 FF.                       751,A
          EDEL, AEZ 84(1959)            52                          751,A
          EDEL, AEZ 84(1959)            52                          751,B
          EDEL, AEZ 84(1959)           105 - 108                     455, N
          EDEL, AEZ 84(1959)           105 - 108                     579, N
          EDEL, AEZ 84(1959)           106 - 108                     425, N
          EDEL, AEZ 84(1959)           106 - 108                     681,3 N
          EDEL, AEZ 84(1959)           108 - 109                     530, N
          EDEL, AEZ 84(1959)           108 FF.                       516,1 N
          EDEL, AEZ 84(1959)           109                          518,1 N
          EDEL, AEZ 84(1959)           109                          525, N
          EDEL, AEZ 84(1959)           109 FF.                       511, N
          EDEL, AEZ 84(1959)           111 - 112                     448, N
          EDEL, AEZ 84(1959)           112                          557, N
          EDEL, AEZ 84(1959)           112 - 113                     667, N
          EDEL, AEZ 85(1960)            82 -  83                     673, N
          EDEL, JEA 25(1939)           217                          751,A
          EDEL, JNES  8(1949)           35 FF.                       413,A.2
          EDEL, MIO 1(1953)                  T. 2 B 2               470,CC
          EDEL, MIO 1(1953)            213                          872,2,B
          EDEL, MIO 1(1953)            220 F.                       950,A.2
          EDEL, MIO 1(1953)            221                          825
          EDEL, MIO 1(1953)            328                          881
          EDEL, MIO 1(1953)            328                          909,A
```

```
ECEL, MIO 1(1953)                    328 A 1                    758,I
ECEL, MIO 1(1953)                    334                        724,4 N
ECEL, MIO 1(1953)                    334                        727,A N
ECEL, NAWG (1963)                    NR.5    S. 178             426, N
ECEL, UNTERS.                                                   1092,S.568,A.2
EDEL, UNTERS.              $ 24 C                               645
ECEL, UNTERS.             $ 25                                  1081,A.1
EDEL, UNTERS.             $ 49                                  949,B'B',A.1
ECEL, UNTERS.             4 FF.                                 1112,ANM
ECEL, UNTERS.            5                                      1126
EDEL, UNTERS.            9                                      900
ECEL, UNTERS.            9 F.                                   695
ECEL, UNTERS.           11                                      1062
ECEL, UNTERS.           16                                      1093
ECEL, UNTERS.           22 FF.                                  751,A
ECEL, UNTERS.           24 F.                                   663
ECEL, UNTERS.           27                                      347, 2
ECEL, UNTERS.           28                                      893
ECEL, UNTERS.           31                                      33
EDEL, UNTERS.           34                                      59,A.1
ECEL, UNTERS.           34                                      995
ECEL, UNTERS.           34 F.                                   880
ECEL, UNTERS.           49                                      832
ECEL, UNTERS.           56 FF.                                  1093
ECEL, UNTERS.           59 - 67                                 1064
ECEL, UNTERS.           59 - 68                                 1092,A.2
ECEL, UNTERS.           60                                      669,BB
ECEL, UNTERS.           66                                      893
ECEL, UNTERS.           66                                      1147
ECEL, UNTERS.           66       6                             555,C
ECEL, UNTERS.           76                                      598,C
ECEL, UNTERS.           80 - 82                                 1064
ECEL, UNTERS.           80 - 82                                 1092,A.2
ECEL, UNTERS.           87                                      29
ECGERTON, AJSL 48(1931)              42                         22
EDGERTON, BASOR 122(1951)            9 - 12                     21, N
EDGERTON, JAOS 60(1940)              473                        48,A.1
EDGERTON, JNES  6(1947)              1 FF.                      153,A.3
EDGERTON, JNES  6(1947)              1 FF.                      154,A.2
EDGERTON, JNES  6(1947)              7 FF.                      113,A.1
EDGERTON, JNES  6(1947)              8                          105,A.2
ECGERTON, JNES  6(1947)              15                         765
ECGERTON, JNES  7(1947)              16                         154,A.3
EMBER, AEZ 53(1917)                  87                         130,3
ENGELBRECHT, HEPHAESTION VON THEBEN, WIEN (1887) S. 64         339,A.2
EPRON, TI              T. 24                                    244, N
ERMAN, AEZ 52(1915)                  107 - 108                  370, N
ERMAN, HYMNEN            3    4                                 771
ERMAN, HYMNEN            6    3                                 449
ERMAN, HYMNEN           11    4                                 575,CC
ERMAN, HYMNEN           12    2                                 445
ERMAN, HYMNEN           12    2                                 575,CC
ERMAN, HYMNEN           12    2                                 583
ERMAN, HYMNEN           13    3                                 453
ERMAN, HYMNEN           13    3                                 603
ERMAN, HYMNEN           14    1                                 771
ERMAN, HYMNEN           40                                      160,BB
ERMAN, NEUAEG. GR.      $ 139                                   266
ERMAN, NEUAEG. GR.      $ 689                                   615, N
ERMAN, NEUAEG. GR.      $ 768                                   490
ERMAN, REDEN                                                    7,A.3
ERMAN, REDEN            5                                       85
ERMAN, REDEN            7                                       926
ERMAN, REDEN           17                                       613
ERMAN, REDEN           17                                       623
ERMAN, REDEN           18                                       906,AA
ERMAN, REDEN           18                                       906,CC
ERMAN, REDEN           18                                       949,B'B'
ERMAN, REDEN           18                                       1104,AA
ERMAN, REDEN           20 - 21                                  162,ANM
ERMAN, REDEN           23                                       1007
ERMAN, REDEN           24                                       1012,A
ERMAN, REDEN           39                                       906,AA
ERMAN, REDEN           40                                       603
ERMAN, REDEN           46                                       322
ERMAN, REDEN           47                                       909,A
ERMAN, REDEN           47                                       909,A
ERMAN, REDEN           50                                       590,B'
ERMAN, REDEN           53                                       790
ERMAN, REDEN           54                                       1106,AA
ERMAN, SPAW   (1914)                 267                        539
ERMAN, SPAW 39(1912)                 911 FF.                    428,BB
ERMAN, SPAW 39(1912)                 959 - 960                  34,A.2
FAKHRY                               21                         888
FAKHRY                               22                         630,CC
FARINA, AEGYPTUS (1924)              320                        151,S.67,A.1
FAULKNER, JEA 16(1930)               171                        615
FAULKNER, JEA 21(1935)               177 FF.                    747,2,B
FAULKNER, THE PLURAL AND DUAL IN OLD EGYPTIAN (1929)          270,A.1
FAULKNER, THE PLURAL AND DUAL IN OLD EGYPTIAN (1929) S. 21    276,A.1
FECHT (IM DRUCK)                                               153,S.68,A.1
FEICHTNER, WZKM 38(1932)             211 FF.                    427,A.2
FEICHTNER, WZKM 38(1932)             218 FF.                    428,CC
FIRCHOW, GRUNDZUEGE                                            1142,A.1
FIRCHOW, GRUNDZUEGE                  108      ANM.  1          762,A.1
FISCHER, JNES 18(1959)               248      ANM. 39          972
FISCHER, MIO 7(1960)                 308      ANM. 18          121, N
```

```
          FISHER, THE MINOR CEMETERY AT GIZA (1942) T. 45        101, N
          FITZ WILLIAM MUSEUM              (EIGENE ABSCHRIFT)     995
          FLORENZ                  7595                           673, N
          FLORENZ                  7595                           796
          FRASER, ASAE  3(1902)        122 FF. T. 5              145, N
```

```
G                   (SUPPLEMENT)      1102,A.2      I  G  $ 347                      499,ANM2
G    S.    XXXV NACHTR. ZEICHENL.A 1  213,  N       I  G  $ 347   5                  1123
G    S.  34      ANM. 1 A             113           I  G  $ 347   5                  1140
G    S. 133     UNTEN                 850,AA        I  G  $ 347   6                  1118,A.1
G    S. 209     ANM. 7                630,AA,ANM    I  G  $ 351   1                  1130,1
G    S. 365                           512,A.1       I  G  $ 351   1                  1130,2
G    S. 386                           881,ANM       I  G  $ 354                      626
G    S. 391   5                       896,A.1       I  G  $ 354        ENDE          626
G    S. 423                           319,ANM       I  G  $ 359                      227,  N
G    S. 425                           1138          I  G  $ 361                      639,B',ANM
G    S. 425     OBEN                  1121          I  G  $ 363                      680
G    S. 432                           154,A.4       I  G  $ 365                      635
G    S. 433                           151,S.67,A.1  I  G  $ 365                      635
G    S. 484                           93,A.2        I  G  $ 373                      632
G    $   4                            6,A.5         I  G  $ 373                      954
G    $  49      OBS.                  834,ANM       I  G  $ 374                      946
G    $  66                            869,B         I  G  $ 379                      649,B'
G    $  85                            321           I  G  $ 389   1                  663
G    $  87                            868A          I  G  $ 389   3   ENDE           663,A.1
G    $  90                            308           I  G  $ 389   3   S. 308         663
G    $ 119    2                       852,ANM       I  G  $ 397   3                  1125
G    $ 119    4                       858,E,ANM     I  G  $ 405                      732,ANM
G    $ 136                            943           I  G  $ 405                      738
G    $ 141                            996,A.2       I  G  $ 405        S. 319 UNTEN  725,ANM3
G    $ 142                            949,B'B'      I  G  $ 406                      731
G    $ 142                            949,B'B'      I  G  $ 408                      1123
G    $ 149    1                       847,A         I  G  $ 420                      554FF.N
G    $ 177                            759           I  G  $ 422   1                  891
G    $ 177                            759           I  G  $ 424   2                  1123
G    $ 178                            775,  N       I  G  $ 439                      456,A.3
G    $ 179                            815           I  G  $ 442   1                  507
G    $ 184    2                       507           I  G  $ 442   5                  1050,  N
G    $ 190    2                       1054,A.1      I  G  $ 446                      493
G    $ 191    1                       1050,  N      I  G  $ 447                      452,A.2
G    $ 196    2                       1034,A.1      I  G  $ 447                      453
G    $ 205    1                       751           I  G  $ 447                      513
G    $ 205    4                       750,1         I  G  $ 447                      513,A.2
G    $ 205    5                       750,2,B,A.1   I  G  $ 447                      514,A.3
G    $ 224                            1015          I  G  $ 450                      993
G    $ 225                            1015          I  G  $ 450   4 E                846,  N
G    $ 231                            852,ANM       I  G  $ 454   1                  530
G    $ 232                            858,B,ANM     I  G  $ 456                      474,BB,A.1
G    $ 234                            878,  N       I  G  $ 461                      880
G    $ 239                            850,BB        I  G  $ 465                      891
G    $ 243                            858,E         I  G  $ 470                      977,A.1
G    $ 243                            858,E,ANM     I  G  $ 472                      974,A.1
G    $ 256                            1006,AA,B'B',A.1 I G $ 473                     974,A.1
G    $ 263    3                       407           I  G  $ 474   2                  857,A.1
G    $ 289    1                       460,A.1       I  G  $ 475                      975,A.3
G    $ 289    2                       456,A.2       I  G  $ 487                      997
G    $ 298      OBS.                  723           I. G  $ 491   2                  858,A,A.2
G    $ 299                            691           I  G  $ 494        (SUPPLEMENT)  819,C
G    $ 299                            691           I  G  $ 494   3                  1054,A.1
G    $ 309                            574,BB        I  G  $ 496                      1008,ANM
G    $ 309                            574,CC        I  G  $ 511   1                  986,A.1
G    $ 314                            586           I  G  $ 511   3                  1071
G    $ 321                            1001          I  G  $ 511   4                  990
G    $ 331                            933           I  G2  S.      VIII              758,H,A.1
G    $ 335                            598,A,ANM     I  G2 $ 107   2   S. XXVIII      924,BB,A.2
G    $ 340                            1110,A.1      I  G2 $ 364                      681,3
G    $ 340    1   ANM. 15             1106,BB       I  G2 $ 387   2                  660,ANM
G    $ 341                            743           I  G2 $ 387   3                  667
G    $ 342                            1103          I  G2 $ 387   3                  667,A.1
G    $ 342                            1113          I  G2 $ 474   3                  677
G    $ 343      ENDE                  1102,A.2      I  G3 $ 310      S. 237          579,  N
G    $ 345    1                       1106,BB       I  G3 $ 389   2 A               673,  N
G    $ 346    3                       1123          I
```

```
          GADD-SMITH, JEA 11(1925)              230 FF.              392
          GARDINER, AEZ 45(1908/9)               73 FF.              903,ANM
          GARDINER, AEZ 45(1908/9)              134                  933
          GARDINER, JEA  2(1915)                 65      ANM. 1      117
          GARDINER, JEA 13(1927)                 75                  10,A. 7
          GARDINER, JEA 13(1927)                 77                  929
          GARDINER, JEA 16(1930)                 19                  1076
          GARDINER, JEA 16(1930)                 19     6            169
          GARDINER, JEA 16(1930)                 19  Z. 1            760,E
          GARDINER, JEA 16(1930)                 19  Z. 1            1022
          GARDINER, JEA 16(1930)                 19  Z. 2            837
          GARDINER, JEA 16(1930)                 19  Z. 3            195
          GARDINER, JEA 16(1930)                 19  Z. 4            172,  N
          GARDINER, JEA 16(1930)                 19  Z. 4            607,BB,5
          GARDINER, JEA 16(1930)                 19  Z. 5            184
          GARDINER, JEA 16(1930)                 19  Z. 6            832
          GARDINER, JEA 16(1930)                 19 FF.             10,A. 9
          GARDINER, JEA 31(1945)                 14                  413,A.1
          GARDINER, JEA 34(1948)                 26                  1064,A.1
          GARDINER, JEA 36(1950)                 12                  539,A.1
          GARDINER, MISCELLANEA ACADEMICA BEROLINENSIA 2  2(1950)  45FF.  650,2,A.1
          GARDINER, NOTES                        52                  34
          GARDINER, NOTES                        86                  858,A,A.1
```

```
        GARDINER, PBA 23(1937)              1 FF.                   463,A.1
        GARDINER, PBA 23(1937)              1 FF.                   463,S.209,A.1
        GARDINER, PSBA 22(1900)             37                      345,A.2
        GARDINER, PSBA 25(1903)            334                      763
        GARDINER, PSBA 34(1912)            261   ANM. 14            260,A.1
        GARDINER, REC. 40(1923)            79                      1130,1
        GARNOT, ASAE 37(1937)             117                       831
        GARNOT, ASAE 37(1937)             117                       853
        GARNOT, REV. D'EGYPT. 8(1951)     75 FF.                    448,  N
        GAUTH.-JEQU.  FOUILL. LICHT   T. 20                         367
```

```
GEBR.  1 T.  1                    221         I     GEBR.  2 T. 10                          685,G
GEBR.  1 T.  3                    289         I     GEBR.  2 T. 28   UNTEN RECHTS, E        497A, N
GEBR.  1 T.  6                    792         I     GEMN.  1 T.  8                          689
GEBR.  1 T.  8                    642,CC      I     GEMN.  1 T.  9                          687
GEBR.  1 T.  8                    694         I     GEMN.  1 T.  9   UNTEN RECHTS           615
GEBR.  1 T. 13                    293         I     GEMN.  1 T. 11   UNTEN                  607,CC
GEBR.  1 T. 13                    601         I     GEMN.  1 T. 12                          689
GEBR.  1 T. 13                    687         I     GEMN.  1 T. 15                          284
GEBR.  1 T. 13                    696         I     GEMN.  1 T. 17                          167,BB
GEBR.  1 T. 13    UNTEN           881         I     GEMN.  1 T. 18                          441
GEBR.  1 T. 14                    230         I     GEMN.  1 T. 18                          574,AA
GEBR.  1 T. 14                    271         I     GEMN.  1 T. 19                          642,CC
GEBR.  1 T. 14                    696         I     GEMN.  1 T. 19                          1000
GEBR.  1 T. 14                    750,3,A     I     GEMN.  1 T. 23                          422
GEBR.  1 T. 14                    909,A       I     GEMN.  1 T. 23                          607,CC
GEBR.  1 T. 14    UNTEN           881         I     GEMN.  1 T. 23   OBEN RECHTS           613
GEBR.  1 T. 15                    750,3,B     I     GEMN.  1 T. 33                          1005,B
GEBR.  1 T. 16                    167,AA      I     GEMN.  2 S. 17   NR. 141               995
GEBR.  1 T. 16                    630,CC      I     GEMN.  2 S. 38                          117
GEBR.  1 T. 16                    928         I     GEMN.  2 T.  9                          322
GEBR.  1 T. 16    MITTE           881         I     GEMN.  2 T. 12                          230
GEBR.  1 T. 23    MITTE           398         I     GEMN.  2 T. 26                          144
GEBR.  2 T.  4                    979A,1      I     GEMN.  2 T. 26                          607,BB,4
GEBR.  2 T.  5                    494         I     GEMN.  2 T. 26                          607,BB,4
GEBR.  2 T.  5                    1005,A      I     GEMN.  2 T. 26                          607,BB,4
GEBR.  2 T.  6                    229         I     GEMN.  2 T. 26                          607,CC
GEBR.  2 T.  6                    574,AA      I     GEMN.  2 T. 26                          607,CC
GEBR.  2 T.  6                    588         I     GEMN.  2 T. 26                          734
GEBR.  2 T.  6                    685,B       I     GEMN.  2 T. 26                          752
GEBR.  2 T.  6                    694         I     GEMN.  2 T. 26   OBEN                  607,BB,2
GEBR.  2 T.  6                    792         I     GEMN.  2 T. 26   OBEN                  613
GEBR.  2 T.  6                    1000        I     GEMN.  2 T. 26   UNTEN MITTE           616
GEBR.  2 T.  6    UNTERE REIHE    146         I     GEMN.  2 T. 26   = NR. 180 , S. 19     607,CC
GEBR.  2 T.  7                    775         I     GEMN.  2 T. 26   = NR. 183 , S. 19     607,CC
GEBR.  2 T.  8                    944         I     GEMN.  2 T. 26   = NR. 185 , S. 19     607,CC
GEBR.  2 T.  9                    689         I     GEMN.  2 T. 36                          639,C'
GEBR.  2 T. 10                     60         I     GEMN.  2 T. 38                          639,C'
```

```
        GGA 196(1934)                      177    (SCHMIDT)             222
        GIZA  GRAB  G 2099                                              48
        GOEDICKE, JEA 45(1959)                     T.  2               842
        GOEDICKE, JEA 45(1959)                     T.  2               1029,A,CC
        GOEDICKE, JEA 45(1959)                     T.  2               1029,A,DD
        GOEDICKE, JEA 45(1959)              9                          1029,A,DD,A.2
        GRAPOW, AEZ 45(1908/9)             57 FF.                      182,  N
        GRAPOW, AEZ 45(1908/9)             57 FF.                      184,  N
        GRAPOW, AEZ 71(1935)               52                          574,AA,A.1
        GRAPOW, AEZ 75(1939)              134 F.                       300,  N
        GRAPOW, ANREDEN                     3   26                     620,A.1
        GRAPOW, ANREDEN                     4   25                     1006,AA,B'B',A.1
        GRAPOW, ANREDEN                     4   38 ANM. 4              1008,A.1
        GRAPOW, APAW (1914)                                            253,  N
        GRAPOW, APAW (1914)                                            254,  N
        GRAPOW, APAW (1914)                                            255,  N
        GRAPOW, APAW (1914)                                            256,  N
        GRAPOW, UNTERS. ZUR AEGYPT. STILISTIK 1(1952) S. 83 - 84       858,A,A.1
        GRAPOW, UNTERS. ZUR AEGYPT. STILISTIK 2       S. 123 - 124     10,S.5,A.1
        GROSELOFF, ASAE 42(1942)           26                         246
        GROSELOFF, ASAE 42(1942)           32                         342
        GROSELOFF, ASAE 42(1943)           43                         993
        GROSELOFF, ASAE 42(1943)           56                         245
        GROSELOFF, ASAE 43(1943)          311 FF.                     218
        GROSELOFF, ASAE 43(1943)          312                         208,A.2
        GROSELOFF, ASAE 48(1948)          509                         765,B
        GROSELOFF, JEA 35(1949)            60    3                    753,1
        GROSELOFF, UNE STELE SCYTHOPOLITAINE (1949)  S. 20 - 21 Z. 13 533,1
        GUNN, AEZ 57(1922)                 72                         375
        GUNN, AEZ 59(1924)                 71                         229
        GUNN, AEZ 59(1924)                 71                         455,A.1
        GUNN, ASAE 25(1925)                        T.  1             86
        GUNN, ASAE 25(1925)                        T.  1   1         993
        GUNN, ASAE 25(1925)                        T.  1   3         555,C
        GUNN, ASAE 25(1925)                        T.  1   4 - 5     856
        GUNN, ASAE 25(1925)                        T.  1   6         322
        GUNN, ASAE 25(1925)                        T.  1 A 4         691
        GUNN, ASAE 25(1925)               242 FF.                     10,A. 7
        GUNN, ASAE 25(1925)               248       T.  1   5        980
        GUNN, ASAE 25(1925)               248       T.  1   5-6      824,CC
        GUNN, ASAE 25(1925)               249       T.  1   4        929
        GUNN, ASAE 25(1925)               249       T.  1   4-5      933
        GUNN, ASAE 25(1925)               251                        347, 2
        GUNN, ASAE 27(1927)               216                         14
        GUNN, ASAE 27(1927)               216 FF.                     11
        GUNN, ASAE 27(1927)               226 - 227                  1132
        GUNN, ASAE 27(1927)               227                        1131,A.1
        GUNN, ASAE 27(1927)               227                        1138
```

GUNN, ASAE 27(1927)		228	Z. 14	750,3,B
GUNN, ASAE 27(1927)		229		1137,A.2
GUNN, ASAE 27(1927)		230		179
GUNN, JEA 12(1926)		129		174
GUNN, JEA 12(1926)		129		345,A.2
GUNN, JEA 16(1930)		149		880,A.1
GUNN, JEA 16(1930)		152		843
GUNN, JEA 19(1933)		105		290
GUNN, JEA 19(1933)		106		1092,A.3
GUNN, JEA 33(1948)		30		1092,S.569,A.1
GUNN, JEA 34(1948)				1092,S.568,A.3
GUNN, JEA 34(1948)		30		1092,S.568,A.1
GUNN, JEA 35(1949)		22		1050
GUNN, JEA 35(1949)		22 - 24		1050, N
GUNN, STUDIES		KAP. 5		846, N
GUNN, STUDIES	S.	IX	ANM. 1	20,A.1
GUNN, STUDIES	S.	4		672,ANM
GUNN, STUDIES	S.	11		674,BB
GUNN, STUDIES	S.	12		674,BB
GUNN, STUDIES	S.	26 FF.		652
GUNN, STUDIES	S.	26 FF.		653
GUNN, STUDIES	S.	40		166,ANM
GUNN, STUDIES	S.	44		166,ANM
GUNN, STUDIES	S.	45 FF.		877,A.1
GUNN, STUDIES	S.	69		539
GUNN, STUDIES	S.	77 FF.		554,A.1
GUNN, STUDIES	S.	88 - 90		1076
GUNN, STUDIES	S.	91		1076,S.559,A.2
GUNN, STUDIES	S.	91		1076,S.560,A.1
GUNN, STUDIES	S.	91		1091
GUNN, STUDIES	S.	95	ANM. 1	474
GUNN, STUDIES	S.	95	ANM. 1	474,BB,A.1
GUNN, STUDIES	S.	122 FF.		924,BB
GUNN, STUDIES	S.	140	ANM. 2 UND 6	1090
GUNN, STUDIES	S.	164 FF.		924,AA
GUNN, STUDIES	S.	171	NR. 2 B	824,CC
GUNN, STUDIES	S.	177 - 179		738,A.1
GUNN, STUDIES	S.	186 FF.		827
GUNN, TPC		T. 66 6		1059
GUNN, TPC	1	94		117
GUNN, TPC	1	95		689
GUNN, TPC	1	95	47 B	167,BB
GUNN, TPC	1	96		214
GUNN, TPC	1	102	MIT ANM. 1	100,A.1
GUNN, TPC	1	107	MIT ANM. 1	319
GUNN, TPC	1	122		639,C'
GUNN, TPC	1	124		117
GUNN, TPC	1	124		145, N
GUNN, TPC	1	127	ANM. 2	99,A.3
GUNN, TPC	1	143		297
GUNN, TPC	1	148		411
GUNN, TPC	1	157	ANM. 5	63,A.1
GUNN, TPC	1	169		473,CC
GUNN, TPC	1	169		865
GUNN, TPC	1	169	MIT ANM. 4	121
GUNN, TPC	1	171 FF.		69,A.2
GUNN, TPC	1	176 - 177		69
GUNN, TPC	1	209		642,FFN
GUNN, TPC	1	272	FIG. 102 REV.	122
GUNN, TPC	2 T.	3		145, N
GUNN, TPC	2 T.	52	UNTEN	607,BB,2
GUNN, TPC	2 T.	52	UNTEN	607,CC
GUNN, TPC	2 T.	62		460,ANM
GUNN, TPC	2 T.	62		639,C'
GUNN, TPC	2 T.	62		639,C'N
GUNN, TPC	2 T.	63 1	1. ZEILE	481,C'
GUNN, TPC	2 T.	78 2		279
HAMM.		NR. 114 2		419
HAMM.		NR. 151		227
HAMM.		NR. 157		101, N
HAMM.		NR. 159		101, N
HAMM.		NR. 165		101, N
HANOTEAU, ESSAI DE GRAMMAIRE DE LA LANGUE TAMACHEK (1896) S.32				3,A.2
HARHOTEP		396 - 397		1138
HARHOTEP		405		406, N
HARHOTEP		433		182,15
HARHOTEP		782		182, 8
HASS. GIZA	1 S.	77		1062
HASS. GIZA	1 S.	80		1062
HASS. GIZA	1 S.	82		1062
HASS. GIZA	2 A.	237		272
HASS. GIZA	2 F.	137		441, N
HASS. GIZA	2 F.	219		97
HASS. GIZA	2 F.	219		160,AA
HASS. GIZA	2 F.	219		487
HASS. GIZA	2 F.	219		533,4
HASS. GIZA	2 F.	219		665,CC
HASS. GIZA	2 F.	219		918
HASS. GIZA	2 F.	219	3. REIHE VON UNTEN	819,C
HASS. GIZA	2 F.	219	UNTEN RECHTS	610
HASS. GIZA	2 S.	121		533,4
HASS. GIZA	2 S.	125		766
HASS. GIZA	2 S.	173		630,CC
HASS. GIZA	2 S.	173		636
HASS. GIZA	2 S.	173		689
HASS. GIZA	2 S.	173		831
HASS. GIZA	2 S.	173		840

```
HASS.  GIZA          2 S. 173                              1124
HASS.  GIZA          2 S. 175                              167,AAN
HASS.  GIZA          2 S. 190                              416
HASS.  GIZA          2 S. 190                              459
HASS.  GIZA          2 S. 190            TAFEL             998
HASS.  GIZA          2 S. 190            TAFEL             1009
HASS.  GIZA          2 S. 190            TAFEL             1083
HASS.  GIZA          2 S. 190            TAFEL             1106,AA
HASS.  GIZA          2 S. 190            TAFEL             1106,BB
HASS.  GIZA          2 S. 190  6 - 7     TAFEL             817,AA
HASS.  GIZA          2 S. 193                              114
HASS.  GIZA          2 S. 193                              357
HASS.  GIZA          2 S. 194                              199
HASS.  GIZA          2 S. 194                              915,A'
HASS.  GIZA          2 S. 194  F. 219                      943
HASS.  GIZA          2 S. 194  F. 219                      1001
HASS.  GIZA          2 S. 196                              203
HASS.  GIZA          2 S. 197                              198
HASS.  GIZA          2 S. 205                              347, 1
HASS.  GIZA          2 S. 213                              598,C
HASS.  GIZA          2 S. 213                              968
HASS.  GIZA          2 S. 213                              1126
HASS.  GIZA          2 T.  37                              500,BB
HASS.  GIZA          2 T.  37                              757
HASS.  GIZA          3 F.  15                              628,CC
HASS.  GIZA          3 F.  15                              650,1
HASS.  GIZA          3 F. 104                              628,CC
HASS.  GIZA          3 S.  16  F.  15                      173,  N
HASS.  GIZA          3 S.  16  F.  15                      846,  N
HASS.  GIZA          3 T.   6                              665,CC
HASS.  GIZA          3 T.   7                              665,CC
HASS.  GIZA          4 F. 118            5. ZEILE          742,3
HASS.  GIZA          4 F. 118            5. ZEILE          1121
HASSAN, ASAE 38(1938)  T.  96                              392,3
HASSAN, ASAE 38(1938)  T.  96                              394
HASSAN, ASAE 38(1938)  T.  96                              909
```

```
HATNUB   GR.  3             993        I      HATNUB   GR.  8  3           801
HATNUB   GR.  3  2          801        I      HATNUB   GR.  8  4           579
HATNUB   GR.  3  4          628,BB     I      HATNUB   GR.  8  4           990
HATNUB   GR.  3  4          1056       I      HATNUB   GR.  9  2           420
HATNUB   GR.  3 12          396        I      HATNUB   GR.  9  7           589
HATNUB   GR.  4             980        I      HATNUB   GR. 22  2           485
HATNUB   GR.  4  2          586        I      HATNUB   GR. 22  2           848
HATNUB   GR.  4  3          396        I      HATNUB   GR. 22  6           485
HATNUB   GR.  4  5          590,A'     I      HATNUB   GR. 22  6           848
HATNUB   GR.  4  5          906,AA     I      HATNUB   GR. 22  9 - 10      816,ANM
HATNUB   GR.  5             397        I      HATNUB   GR. 22 13 - 14      816,CC
HATNUB   GR.  6             993        I      HATNUB   GR. 22 15           510
HATNUB   GR.  6  4          589        I      HATNUB   GR. 22 15           754,2
HATNUB   GR.  6  5          397        I      HATNUB   GR. 22 15           872,3
HATNUB   GR.  6  6          398        I      HATNUB   GR. 32  3           753,1
HATNUB   GR.  7             993        I      HATNUB   GR. 32  6           753,1
HATNUB   GR.  7  5          589        I      HATNUB   GR. 32  6           754,2
HATNUB   GR.  8             117        I      HATNUB   GR. 32  7           681,3 N
HATNUB   GR.  8             993        I      HATNUB   GR. 49 10           681,3 N
HATNUB   GR.  8             1080       I
```

```
HAYES, JEA 32(1946)                 10    12                 170,C,A.1
HAYES, JEA 33(1947)                    T.  2     5          993,A.1
HAYES, OSTRACA AND NAME STONES (1942) T. 28                 858,A
HEARST                      2     3                         406,  N
HEARST                      3     6                         570
HEARST                      6     2                         949,B'B',ANM2
HECKEL, AEZ 81(1956)              82                        909,A,A.1
HECKEL, AEZ 82(1957)              34 FF.                    1106,BB
HECKEL, AEZ 82(1957)              41 -  44                  949,B'B'
HELCK, UNTERS. ZU DEN BEAMTENTITELN   S. 144               91,  N
HERODOT                     2    37 10       (AUSG. STEIN)  80,A.1
HIER. PAP.                  3                               10,A. 8
HIER. PAP.                  3 T.  1    Z. 3                 89
HIER. PAP.                  3 T.  1    Z. 7 - 8             661,A
HIER. PAP.                  3 T.  1  2                      692,B
HIER. PAP.                  3 T.  1  3                      501
HIER. PAP.                  3 T.  1  3 - 4                  1027
HIER. PAP.                  3 T.  1  3 - 4                  1081
HIER. PAP.                  3 T.  1  4                      402
HIER. PAP.                  3 T.  1  4                      489,CC
HIER. PAP.                  3 T.  1  4                      1048
HIER. PAP.                  3 T.  1  4                      1133
HIER. PAP.                  3 T.  1  5                      533,6 N
HIER. PAP.                  3 T.  1  5                      717
HIER. PAP.                  3 T.  1  5                      825
HIER. PAP.                  3 T.  1  5                      1045
HIER. PAP.                  3 T.  1  6                      401
HIER. PAP.                  3 T.  1  6                      476,BB
HIER. PAP.                  3 T.  1  6                      1048
HIER. PAP.                  3 T.  1  6                      1083
HIER. PAP.                  3 T.  1  6 Z. 4                 386
HIER. PAP.                  3 T.  1  6 Z. 7                 386
HIER. PAP.                  3 T.  1  7                      545
HIER. PAP.                  3 T.  1  7                      639,A'
HIER. PAP.                  3 T.  1  7                      1051
HIER. PAP.                  3 T.  1  7                      1133
HIER. PAP.                  3 T.  1  7 - 8                  1048
HIER. PAP.                  3 T.  1  8                      476,AA
HIER. PAP.                  3 T.  1  8                      872,2,B
```

HIER. PAP.	3 T.	1	8			994
HIER. PAP.	3 T.	1	8			1083
HIER. PAP.	3 T.	2				86
HIER. PAP.	3 T.	2		PASS.		202
HIER. PAP.	3 T.	2	3			980
HIER. PAP.	3 T.	2	4			489,BB
HIER. PAP.	3 T.	2	4			825
HIER. PAP.	3 T.	2	4			899
HIER. PAP.	3 T.	2	5			489,BB
HIER. PAP.	3 T.	2	5			825
HIER. PAP.	3 T.	2	5			841
HIER. PAP.	3 T.	2	5 - 6			899
HIER. PAP.	3 T.	2	9			285
HIER. PAP.	3 T.	2	9			533,6 N
HIER. PAP.	3 T.	2	9			1076
HIER. PAP.	3 T.	2	9			1088
HIER. PAP.	3 T.	3	5			1008
HIER. PAP.	3 T.	3	12			1139
HIER. PAP.	3 T.	3	13			1133
HIER. PAP.	3 T.	3	13			1140
HIER. PAP.	3 T.	4		STR. A, 1		385
HIER. PAP.	3 T.	4		STR. A, 1		399
HIER. PAP.	3 T.	4		STR. A, 5		824,BB
HIER. PAP.	3 T.	4		STR. A, 5		954
HIER. PAP.	3 T.	4		STR. A, Z. 5		307, N
HIER. PAP.	3 T.	4		STR. BE + F, VS. 1		307
HIER. PAP.	3 T.	6		STR. CB, RS. 5		307
HIER. PAP.	3 T.	6		STR. CB, RS. 5		317A, N
HIER. PAP.	3 T.	7		STR. BA, RS. 2		386
HIER. PAP.	3 T.	7		STR. BA, RS. 3		1133
HIER. PAP.	3 T.	7		STR. BA, RS. 3		1136
HIER. PAP.	3 T.	7		STR. BA, RS. 4		848
HIER. PAP.	3 T.	7		STR. BA, RS. 4		1043
HIER. PAP.	3 T.	7		STR. BA, VS. 1		386
HIER. PAP.	3 T.	7		STR. BA, VS. 6		840
HIER. PAP.	3 T.	7		STR. BA, VS. 6		1007
HIER. PAP.	3 T.	9		STR. C E, VS.		307
HIEROGL. TEXTS BM	1 T.	28		OBEN, 2. AUFLAGE		146, N
HIEROGL. TEXTS BM	1 T.	29	1	2. AUFLAGE		146, N
HIEROGL. TEXTS BM	6 T.	8				750,1
HINTZE (IM DRUCK)						256A, N
HINTZE (IM DRUCK)						576,A.1
HINTZE, UNTERS.	S. 136 FF.					1073,A.1
HINTZE, ZEITSCHR. F. PHONETIK 1(1947)		199 F.				110,A.3
HINTZE, ZEITSCHR. F. PHONETIK 1(1947)		200				110,S.49,A.2
HINTZE, ZEITSCHR. F. PHONETIK 1(1947)		200 F.				110,S.49,A.1
HOEFNER, ALTSUEDARABISCHE GRAMMATIK, LEIPZIG (1943) § 72						436,ANM
IDOUT	S. 18					1058
IDOUT	T. 7					883
IDOUT	T. 7			OBEN MITTE		357
IDOUT	T. 10					59
IDOUT	T. 20					315
IDOUT	T. 20			UNTEN MITTE		616
JACD	39	10				490
JACD	307	REV. 17				334
JAMES, KHENTIKA	S. 38	16				680,ANM
JAMES, KHENTIKA	S. 69					1137,A.2
JAMES, KHENTIKA	T. 5 B	8				750,3,B
JAMES, KHENTIKA	T. 5 B	9				937
JAMES, KHENTIKA	T. 5 B	9				937
JAMES, KHENTIKA	T. 5 B	10				681,3
JAMES, KHENTIKA	T. 5 B	14				937
JAMES, KHENTIKA	T. 5 B	14				938
JAMES, KHENTIKA	T. 5 B	15				938
JAMES, KHENTIKA	T. 5 B	15				979A, N
JAMES, KHENTIKA	T. 5 B	15 - 16				1073
JAMES, KHENTIKA	T. 5 B	16				489,BB
JAMES, KHENTIKA	T. 6 C	6				551
JAMES, KHENTIKA	T. 6 C	6				553,B
JAMES, KHENTIKA	T. 6 C	6				984
JAMES, KHENTIKA	T. 9	59				484
JAMES, KHENTIKA	T. 9	60				1080
JANSS. AUTOB.	154 - 156					474,BB
JANSS. AUTOB.	163 - 165					474,BB
JAOS 60(1940)	473			(EDGERTON)		48,A.1
JAOS 66(1946)	316 FF.			(ALBRIGHT)		108,S.48,A.2
JAOS 66(1946)	317			(ALBRIGHT)		110,S.49,A.1
JAOS 66(1946)	319			(ALBRIGHT)		131,A.2
JAOS 66(1946)	319			(ALBRIGHT)		137,A.1
JAOS 66(1946)	320			(ALBRIGHT)		123,S.55,A.2
JAOS 70(1950)	65 FF.			(RANKE)		82,A.1
JCS 6	81			(SPEISER)		440,A.1
JEA 2(1915)	65	ANM. 1		(GARDINER)		117
JEA 11(1925)	230 FF.			(SMITH-GADD)		392
JEA 12(1926)	129			(GUNN)		174
JEA 12(1926)	129			(GUNN)		345,A.2
JEA 12(1926)	186 FF.			(ALBRIGHT)		392
JEA 13(1927)	75			(GARDINER)		10,A. 7
JEA 13(1927)	77			(GARDINER)		929
JEA 16(1930)	19			(GARDINER)		1076
JEA 16(1930)	19	6		(GARDINER)		169
JEA 16(1930)	19	Z. 1		(GARDINER)		760,E
JEA 16(1930)	19	Z. 1		(GARDINER)		1022
JEA 16(1930)	19	Z. 2		(GARDINER)		837
JEA 16(1930)	19	Z. 3		(GARDINER)		195
JEA 16(1930)	19	Z. 4		(GARDINER)		172, N
JEA 16(1930)	19	Z. 4		(GARDINER)		607,BB,5

```
JEA 16(1930)              19   Z.  5        (GARDINER)              184
JEA 16(1930)              19   Z.  6        (GARDINER)              832
JEA 16(1930)              19 FF.            (GARDINER)              10,A. 9
JEA 16(1930)              67                (BLACKMAN)              1060,A.1
JEA 16(1930)             149                (GUNN)                  880,A.1
JEA 16(1930)             152                (GUNN)                  843
JEA 16(1930)             171                (FAULKNER)              615
JEA 19(1933)             105                (GUNN)                  290
JEA 19(1933)             106                (GUNN)                  1092,A.3
JEA 19(1933)             153   T. 24        (STEV. SMITH)           34,  N
JEA 20(1934)             157 FF.            (PIANKCFF-CLERE)        10,A. 9
JEA 20(1934)             158   Z. 17        (PIANKCFF-CLERE)        1016,B
JEA 20(1934)             158   Z. 17 - 18   (PIANKCFF-CLERE)        1015
JEA 21(1935)             177 FF.            (FAULKNER)              747,2,B
JEA 22(1936)              42                (BLACKMAN)              1060,A.1
JEA 24(1938)                   T. 2  Z. 9   (DUNHAM)                872,1
JEA 24(1938)               1 FF.            (DUNHAM)                887
JEA 24(1938)               2                (DUNHAM)                249
JEA 24(1938)               2      9         (DUNHAM)                494
JEA 24(1938)               2   Z. 5         (DUNHAM)                734
JEA 24(1938)               3                (DUNHAM)                258
JEA 24(1938)               3                (DUNHAM)                734
JEA 24(1938)               3                (DUNHAM)                811
JEA 24(1938)               3                (DUNHAM)                901
JEA 24(1938)               3                (DUNHAM)                1148,A.1
JEA 24(1938)               4      ANM. 10   (DUNHAM)                33
JEA 24(1938)               5 -  6           (DUNHAM)                672
JEA 24(1938)               8      ANM.      (DUNHAM)                116
JEA 25(1939)             113                (POLOTSKY)              151
JEA 25(1939)             216                (CLERE)                 982
JEA 25(1939)             217                (EDEL)                  751,A
JEA 27(1941)             106 FF.            (CERNY)                 174
JEA 28(1942)              16                (SMITHER)               980
JEA 28(1942)              28                (CRUM)                  249
JEA 28(1942)              28                (CRUM)                  249
JEA 28(1942)              28                (CRUM)                  251
JEA 31(1945)              14                (GARDINER)              413,A.1
JEA 32(1946)              10     12         (HAYES)                 170,C,A.1
JEA 33(1947)                   T. 2     5   (HAYES)                 993,A.1
JEA 33(1948)              30                (GUNN)                  1092,S.569,A.1
JEA 34(1948)                                (GUNN)                  1092,S.568,A.3
JEA 34(1948)              26                (GARDINER)              1064,A.1
JEA 34(1948)              30                (GUNN)                  1092,S.568,A.1
JEA 35(1949)              22                (GUNN)                  1050
JEA 35(1949)              22 -  24          (GUNN)                  1050,  N
JEA 35(1949)              31 FF.            (THACKER)               836,ANM
JEA 35(1949)              31 FF.            (THACKER)               924,BB,A.2
JEA 35(1949)              60      3         (GRDSELOFF)             753,1
JEA 36(1950)              12                (GARDINER)              539,A.1
JEA 45(1959)                   T. 2         (GOEDICKE)              842
JEA 45(1959)                   T. 2         (GOEDICKE)              1029,A,CC
JEA 45(1959)                   T. 2         (GOEDICKE)              1029,A,DD
JEA 45(1959)               9                (GOEDICKE)              1029,A,DD,A.2
JEQU.  MON. FUN.                                                   8,A.1
JEQU.  MON. FUN.           1 T. 55                                 533,4
JEQU.  MON. FUN.           2 T. 33                                 244
JEQU.  MON. FUN.           2 T. 52                                 883
JEQU.  MON. FUN.           2 T. 56                                 615
JEQU.  MON. FUN.           2 T. 98                                 476,CC
JEQU.  MON. FUN.           2 T. 98                                 617
JEQU.  MON. FUN.           2 T. 101                                928
JEQUIER, ASAE 34(1934)          76                                 134
JEQUIER, FRISES          61                                        346,A.3
JEQUIER, LA PYRAMIDE D'ABA (1935)                                  8,A.4
JEQUIER, LES PYRAMIDES DES REINES NEIT ET APOUIT (1933)           8,A.3
JNES  2(1943)                  T. 37        (WINLOCK)               691
JNES  5(1946)              17                (ALBRIGHT)             151,A.2
JNES  5(1946)              19                (ALBRIGHT)             340,BB,A.1
JNES  6(1947)              1 FF.             (EDGERTON)             153,A.3
JNES  6(1947)              1 FF.             (EDGERTON)             154,A.2
JNES  6(1947)              7 FF.             (EDGERTON)             113,A.1
JNES  6(1947)              8                 (EDGERTON)             105,A.2
JNES  6(1947)             15                 (EDGERTON)             765
JNES  7(1947)             16                 (EDGERTON)             154,A.3
JNES  8(1949)             35 FF.             (EDEL)                 413,A.2
JNES 11(1952)            116 - 120           (STEV. SMITH)          414,  N
JNES 11(1952)            116 - 120           (STEV. SMITH)          415,  N
JNES 11(1952)            116 - 120           (STEV. SMITH)          416,  N
JNES 13(1954)           244                  (WILSON)               966,A'
JNES 18(1959)           248     ANM. 39      (FISCHER)              972
JOH.                     10    12                                   1064
```

```
JUNK. GIZA      BD. 1 - 10  (1929 FF.)    7,A.2   I  JUNK. GIZA  2  163                98,B
JUNK. GIZA    1   150                      280     I  JUNK. GIZA  2  166                114
JUNK. GIZA    1   150                      352     I  JUNK. GIZA  2  166                230
JUNK. GIZA    1   158                      414     I  JUNK. GIZA  2  169                692,B
JUNK. GIZA    1   158                      416     I  JUNK. GIZA  2  171   NR. 32       256A, N
JUNK. GIZA    1   158 - 161                415     I  JUNK. GIZA  2  171   NR. 57       256A, N
JUNK. GIZA    1   160                      414     I  JUNK. GIZA  2  182                167,AAN
JUNK. GIZA    1   161                      414     I  JUNK. GIZA  3   74                145,  N
JUNK. GIZA    1   161                      416     I  JUNK. GIZA  3   83                441,  N
JUNK. GIZA    1   225                      351     I  JUNK. GIZA  3   94                319
JUNK. GIZA    2   111                     1076     I  JUNK. GIZA  3   97                29
JUNK. GIZA    2   128                      690     I  JUNK. GIZA  3  156                757
JUNK. GIZA    2   146                      756     I  JUNK. GIZA  3  159 - 160          98,D
JUNK. GIZA    2   155                      145,  N I  JUNK. GIZA  3  160                306
JUNK. GIZA    2   156                       97     I  JUNK. GIZA  3  177                261
```

JUNK. GIZA	3	182		579	I
JUNK. GIZA	3	182		942	I
JUNK. GIZA	3	235		197	I
JUNK. GIZA	4	39		195	I
JUNK. GIZA	4	58		612	I
JUNK. GIZA	4	58		754,2	I
JUNK. GIZA	4	59		262	I
JUNK. GIZA	4	59		593	I
JUNK. GIZA	4	59		881	I
JUNK. GIZA	4	59		915,A'	I
JUNK. GIZA	4	59		919,C	I
JUNK. GIZA	4	60		247	I
JUNK. GIZA	4	74		92	I
JUNK. GIZA	4	91	ZU T. 16	690	I
JUNK. GIZA	4 A.	9		602	I
JUNK. GIZA	4 A.	9		647	I
JUNK. GIZA	4 A.	10		687	I
JUNK. GIZA	4 T.	3		322	I
JUNK. GIZA	4 T.	5		473,CC	I
JUNK. GIZA	4 T.	5		593	I
JUNK. GIZA	4 T.	5		915,B'	I
JUNK. GIZA	4 T.	7	MIT S. 59	602	I
JUNK. GIZA	4 T.	9		1106,AA	I
JUNK. GIZA	5	21 - 22		167,DD	I
JUNK. GIZA	5	21 - 22		942	I
JUNK. GIZA	5	65	A. 14 B	609,A.1	I
JUNK. GIZA	5	67		685,B	I
JUNK. GIZA	5	88		687	I
JUNK. GIZA	5	94		144	I
JUNK. GIZA	5 A.	1		642,AA	I
JUNK. GIZA	5 A.	14 B		687	I
JUNK. GIZA	5 A.	29		57	I
JUNK. GIZA	6	96		473,CC	I
JUNK. GIZA	6	110		102	I
JUNK. GIZA	6	110		273	I
JUNK. GIZA	6	110		347, 2	I
JUNK. GIZA	6	142		160,AA	I
JUNK. GIZA	6	142		610	I
JUNK. GIZA	6	144		329	I
JUNK. GIZA	6	202		98,A	I
JUNK. GIZA	6	226		947	I
JUNK. GIZA	6	232		31, N	I
JUNK. GIZA	6	232		170,C,A.1	I
JUNK. GIZA	6 A.	43		1012,A	I

JUNK. GIZA	6 A.	45		697
JUNK. GIZA	7	146		474,AA
JUNK. GIZA	7	211		193
JUNK. GIZA	7	211		697
JUNK. GIZA	7	233		247
JUNK. GIZA	7	235		247
JUNK. GIZA	8	35		48
JUNK. GIZA	8	51		459, N
JUNK. GIZA	8	103		311
JUNK. GIZA	8	105		117
JUNK. GIZA	8	111		100
JUNK. GIZA	8	119 - 120		872,2,A
JUNK. GIZA	8	149		117
JUNK. GIZA	9	38		112, N
JUNK. GIZA	9	38		112, N
JUNK. GIZA	9	257		340,BB
JUNK. GIZA	10	177 - 178		366, N
JUNK. GIZA	11	55	A. 32, RECHTS	639,C'N
JUNK. GIZA	11	176		584,ANM2
JUNK. GIZA	11	191		428,DD
JUNK. GIZA	11	267		856,A.1
JUNK. GIZA	12	110		366, N
JUNK. GIZA	12	163		167,AAN
JUNK. REDEN	10 A.	1		598,A
JUNK. REDEN	10 A.	1		598,B
JUNK. REDEN	12 - 13			598,A
JUNK. REDEN	12 - 13			839
JUNK. REDEN	13			1000
JUNK. REDEN	15			1000
JUNK. REDEN	17 FF.			588
JUNK. REDEN	20 - 21			573,CC
JUNK. REDEN	21			846,A'
JUNK. REDEN	21		MIT ANM. 2	286, N
JUNK. REDEN	21 FF.			561
JUNK. REDEN	22			630,CC
JUNK. REDEN	24			247
JUNK. REDEN	25			783
JUNK. REDEN	29			144
JUNK. REDEN	31			286, N
JUNK. REDEN	34 F.			621
JUNK. REDEN	37 F.			609,A.1
JUNK. REDEN	47			246
JUNK. REDEN	55			951,A'A'

JUNKER, AEZ 63(1928)	59		947
JUNKER, AEZ 63(1928)	64		296, N
JUNKER, AEZ 77(1942)	3 FF.		259
JUNKER, DIE POLITISCHE LEHRE VON MEMPHIS			11,A.2
JUNKER, GOETTERLEHRE			11,A.2
JUNKER, GOETTERLEHRE	11		89,A.2
JUNKER, GOETTERLEHRE	52		901,ANM
JUNKER, GOETTERLEHRE	69 FF.		10,S.5,A.1
JUNKER, PYRAMIDENZEIT	108 FF.		99,A.1

KAH.	12	8		667,A.1	I
KAH.	32	5		134	I
KAH.	32	5		753,1	I
KAH.	36	23		516,2	I
KAH.	36	23		519	I
KAIRO	1413			182,13	I
KAIRO	1419			624	I
KAIRO	1419			690	I
KAIRO	1419			691	I
KAIRO	1434	1		581	I
KAIRO	1435			924,BB,A.1	I
KAIRO	1447			516,1 N	I
KAIRO	1449			226	I
KAIRO	1516			195	I
KAIRO	1516			913	I
KAIRO	1534			716	I
KAIRO	1534			881	I
KAIRO	1534			883	I
KAIRO	1536			750,2,A	I
KAIRO	1555			191	I
KAIRO	1555			860	I
KAIRO	1556			128	I
KAIRO	1556			219	I
KAIRO	1557			752	I
KAIRO	1568			516,1 N	I
KAIRO	1584			760,F	I
KAIRO	1641	3		173, N	I
KAIRO	1651			985,ANM	I
KAIRO	1652			222	I
KAIRO	1697			906,AA	I
KAIRO	1784			731	I
KAIRO	1784			731	I
KAIRO	1784			735,BB	I
KAIRO	1784			1058	I
KAIRO	20001	B 7		474,BB	I
KAIRO	20001	B 8		1081	I
KAIRO	20001	7		1032,B	I
KAIRO	20003	A 2		530	I

KAIRO	20006	2 - 3	985,ANM
KAIRO	20328		1098
KAIRO	20503		997,A.2
KAIRO	20503	1	832
KAIRO	20506	B 6	1081
KAIRO	20506	2	985,ANM
KAIRO	20512		340,BB
KAIRO	20513	3	1081
KAIRO	20514	B 4	996,A.2
KAIRO	20538	1 D 6 - 7	530
KAIRO	20538	2 C 12	642,BB
KAIRO	20538	2 C 24	530
KAIRO	20539		1101,ANM
KAIRO	20539	2 C 12	530
KAIRO	20540		522
KAIRO	20543	A 15	460,ANM
KAIRO	20609	A	518,1 N
KAIRO	20609	A	525, N
KAIRO	20729	A 3	692,B
KAIRO	20750		358,A.1
KAIRO	20775	1	146, N
KAIRO	22064	8	995
KAIRO	28118	239	342
KAIRO	28118	239	384
KAIRO	43053		388
KAIRO	43053	7	799
KAIRO	45600		832
KAIRO	45600		832
KAIRO	45600		832
KAIRO	46048		731
KAIRO	46048		735,CC
KAIRO	57153		681,3
KAIRO	57153		760
KAIRO	57153		760
KAIRO	57153		900,ANM
KAIRO	57188		800
KAIRO	67573		650,3

KAIRO, J.D.E.	45600	6		281
KAIRO, J.D.E.	66903			831
KAMAL, ASAE 4(1903)		86		229

```
KAMAL, ASAE 15(1915)         228                                244
KARLSR.                 T.  1                                   195
KARLSR.                 T.  1                                   913
KARLSR.                 T.  5                                   226
KARLSR.                 T.  5                                   685,C
KARLSR.                 T.  5                                   685,C
KARLSR.                 T.  6                                   1012,B
KAWA 1                  INSCHR. 5  12  34                       222, N
KEES, AEZ 57(1922)              97                             639,C'
KEES, AEZ 57(1922)             101                              640
KEES, AEZ 57(1922)             103                              449
KEES, AEZ 57(1922)             103                              579
KEES, AEZ 60(1925)              85                             1108
KEES, GOETTERGLAUBE            241                              14,A.2
KEES, MISCELLANEA ACADEMICA BEROLINENSIA 2  2(1952)       86   1141,A,A.1
KEES, RE-HEILIGTUM DES NEWOSERRE 3  S. 51 + BLATT 28, NR. 432  415, N
KEIMER, ASAE 34(1934)          206                             117,A.1
KEMI   4(1933)        171                 (MONTET)             602
KEMI   6(1936)         90                 (MONTET)             734
KEMI   6(1936)         90     UNTEN       (MONTET)             623
KEMI   6(1936)         91                 (MONTET)             839
KEMI   6(1936)         91                 (MONTET)             927
KEMI   6(1936)         93                 (MONTET)             509
KEMI   6(1936)         93                 (MONTET)             926
KEMI   6(1936)         93                 (MONTET)             928
KEMI   6(1936)         94                 (MONTET)             623
KEMI   6(1936)         97                 (MONTET)             201
KEMI   6(1936)         97                 (MONTET)             878
KEMI   6(1936)         98                 (MONTET)             178
KEMI   6(1936)        107                 (MONTET)             244
KEMI   6(1936)        107                 (MONTET)             244
KEMI   6(1936)        117                 (MONTET)             201
KEMI   6(1936)        118                 (MONTET)             735,BB
KEMI   6(1936)        133 Z. 6            (MONTET)              59
KMAV                  18                                       333
KMAV                  18                                       948
KMAV                  33                                       335
KUB                    3    63            VS.  1               638
KUB                    3    66                 2               667
KUB                    3    66            VS.  1               105
KUB                    3    70            VS.  2               267,A.1
KUB                    3   124                 10              638
L                     S. XIX                                   370, N
L                     $   3 9 (0) B                            427,A.2
L                     $   8                                     6,A.5
L                     $ 196                                    384
L                     $ 223 C                                  456,A.2
L                     $ 232                                    453
L                     $ 252                                    846, N
L                     $ 261                                    456,A.3
L                     $ 309                                    880
L                     $ 323                                    890
L                     $ 325                                    897,A.1
L                     $ 335                                    570,ANM
L                     $ 336                                    574,CC
L                     $ 344      MIT ANM.                      586
L                     $ 344      OBS.                          586
L                     $ 345                                    586
L                     $ 460                                    681,3
L                     $ 545                                    1130,2
L                     $ 564                                     19, N
L                     $ 564                                    852,ANM
L                     $ 599      BIS                           525
L                     $ 616                                    1054,A.1
L                     $ 627 C                                  949,B'B'
L                     $ 707                                    1017
L                     $ 731 A                                  525
LACAU, AEZ 51(1914)               1 FF.                        69,A.2
LACAU, AEZ 51(1914)              42 FF.                        80,A.1
LACAU, ASAE 26(1926)             72 - 76                       116
LACAU, BIFAO 52(1953)             8 - 50                       448, N
LACAU, BIFAO 52(1953)            38        ANM. 3              219, N
LACAU, BIFAO 52(1953)            51 - 56                       557, N
LACAU, BIFAO 56(1957)           161 FF.                        286, N
LACAU, BIFAO 56(1957)           168                            286, N
LACAU, REC. 24(1902)            201 FF.                        244
LACAU, REC. 25(1903)            160                             91,A.1
LACAU, REC. 31(1909)             73 FF.                        248
LACAU, REC. 31(1909)             89                            210,A.1
LACAU, REC. 34(1912)            121                            392,6
LACAU, REC. 35(1913)             32                            286, N
LACAU, REC. 35(1913)            216                            575,CC
LACAU, REC. 35(1913)            217 Z. 6                       576,A.1
LACAU, REC. 35(1913)            223                            345
LACAU, REC. 35(1913)            223                            345, N
LACAU, REC. 35(1913)            223                            1065
LACAU, REC. 35(1913)            226                            133,A.1
LACAU, REC. 35(1913)            231                            346,A.3
LACAU, SARC. ANT.     S.  4                                    105
LACAU, TR              33    5                                 1102,S.573,A.2
LACAU, TR              43    4                                 144
LACAU, TR              73   18                                 1102,A.2
LACAU, TR              81   16                                 747,1,C
LACAU, TR             NR. 19                                   941
LAOUST, ETUDE SUR LE DIALECTE BERBERE DU CHENOUA (1912) S. 50  4,A.4
LAUER, ASAE 37(1937)            110       F. 3                 366, N
LAUER-DRIOTON, ASAE 55(1958)    240                           510, N
```

```
              LAUER-DRIOTON, ASAE 55(1958)     240                    550, N
              LAUER-DRIOTON, ASAE 55(1958)     240                    1044
              LAUER-DRIOTON, ASAE 55(1958)     240                    1130,1
```

LD	2	1	F.	420	I	LD	2	70	94
LD	2	4		689	I	LD	2	70	219
LD	2	9		600	I	LD	2	70	244
LD	2	14		691	I	LD	2	71	404
LD	2	28		47	I	LD	2	71 B	247
LD	2	28		612	I	LD	2	71 B	624
LD	2	28		650,2	I	LD	2	72 A	274
LD	2	30		690	I	LD	2	72 B	274
LD	2	32		226	I	LD	2	73	622
LD	2	35		573,CC	I	LD	2	74 A	602
LD	2	35		906,AA	I	LD	2	74 A	693
LD	2	43 A		690	I	LD	2	74 B	592
LD	2	45		244	I	LD	2	74 C	274
LD	2	45		692,B	I	LD	2	78 B UNTEN	750,3,A
LD	2	47		361	I	LD	2	80 C	861
LD	2	47		866	I	LD	2	90	919,A
LD	2	49 B		210	I	LD	2	96	128
LD	2	49 B		602	I	LD	2	96	607,BB,5
LD	2	49 B		603	I	LD	2	96	607,BB,5
LD	2	49 B		750,3,A	I	LD	2	96	607,BB,5
LD	2	49 B		1000	I	LD	2	96	685,B
LD	2	51		252	I	LD	2	96	691
LD	2	56 A		752	I	LD	2	96	692,B
LD	2	56 A		783	I	LD	2	96 MITTE	694
LD	2	60		273	I	LD	2	97	742,3
LD	2	61		360	I	LD	2	101 A	481,C'
LD	2	61 A		123	I	LD	2	102 A	276
LD	2	61 A		390	I	LD	2	103	610
LD	2	61 A		926	I	LD	2	103 A	612
LD	2	61 A		927	I	LD	2	103 A	613
LD	2	61 B		206	I	LD	2	104	783
LD	2	61 B		206	I	LD	2	104	881
LD	2	61 B		214	I	LD	2	104	890
LD	2	61 B		347, 5	I	LD	2	104 B MITTE LINKS	607,BB,5
LD	2	62		926	I	LD	2	105	693
LD	2	62		927	I	LD	2	105	1058
LD	2	63		407, N	I	LD	2	105 A	607,BB
LD	2	63		845,B'	I	LD	2	105 B	148
LD	2	63		909	I	LD	2	105 B	742,3
LD	2	63		953	I	LD	2	105 B	752
LD	2	63		1006,BB	I	LD	2	105 B	1110
LD	2	66		692,B	I	LD	2	107	621
LD	2	67		117	I	LD	2	111 D	394
LD	2	67		624	I	LD	2	136 H 10	357
LD.	2	68		197	I	LD (ERG.)	12		93
LD	2	68		616	I	LD (ERG.)	20		803
LD	2	68		624	I	LD (ERG.)	21		226
LD	2	68		750,1	I	LD (ERG.)	21		685,B
LD	2	68		909	I	LD (ERG.)	43		478
LD	2	69		232, N	I	LD (ERG.)	43		617
LD	2	69		232, N	I	LD (ERG.)	43		624

```
              LEBM.                      67                      617,ANM
              LEBM.                     127                      979A,1
              LEFEBVRE, REV. D'EGYPT. 5(1946)       46           364,A.1
              LEIDEN                1 T. 21                       862
              LEIDEN                1 T. 21                       865
              LEIDEN                1 T. 22                       593
              LEPSIUS ZEICHNUNG        450                       624
```

LETT. DEAD				10,A. 9	I	LETT. DEAD T. 1	8		1005,B
LETT. DEAD	1	5 7		628,BB	I	LETT. DEAD T. 1	12		198
LETT. DEAD	2	S. 18		93,A.2	I	LETT. DEAD T. 1	13		592
LETT. DEAD T. 1	1			399	I	LETT. DEAD T. 2		INNENSEITE	1005,A
LETT. DEAD T. 1	1			476,CC	I	LETT. DEAD T. 2		INNENSEITE, 6	1125
LETT. DEAD T. 1	1			919,B	I	LETT. DEAD T. 2		INNENSEITE, 9	1054
LETT. DEAD T. 1	1			950	I	LETT. DEAD T. 2	2 - 3		485
LETT. DEAD T. 1	1			1047	I	LETT. DEAD T. 2	4		1073
LETT. DEAD T. 1	2			307	I	LETT. DEAD T. 2	4		1091,A
LETT. DEAD T. 1	2			485	I	LETT. DEAD T. 2	6		93
LETT. DEAD T. 1	2			596,1	I	LETT. DEAD T. 2	6		146
LETT. DEAD T. 1	2			760,E	I	LETT. DEAD T. 2	6		244
LETT. DEAD T. 1	2			770,A	I	LETT. DEAD T. 2	6		742,3
LETT. DEAD T. 1	2			808A	I	LETT. DEAD T. 3	2		394
LETT. DEAD T. 1	2			911	I	LETT. DEAD T. 3	3		169
LETT. DEAD T. 1	2			1032,A	I	LETT. DEAD T. 3	3		354
LETT. DEAD T. 1	2	KOMM.		808A	I	LETT. DEAD T. 3	3		485
LETT. DEAD T. 1	3			685,G	I	LETT. DEAD T. 3	4		821,A
LETT. DEAD T. 1	4			579	I	LETT. DEAD T. 3	4		866
LETT. DEAD T. 1	4			908	I	LETT. DEAD T. 3	5		826
LETT. DEAD T. 1	5			634	I	LETT. DEAD T. 4	3		285
LETT. DEAD T. 1	5			685,F	I	LETT. DEAD T. 4	4		1006,AA,B'
LETT. DEAD T. 1	5			992	I	LETT. DEAD T. 5	1		872,3
LETT. DEAD T. 1	6 - 7			930	I	LETT. DEAD T. 5	1		899
LETT. DEAD T. 1	7			801	I	LETT. DEAD T. 5	2		899
LETT. DEAD T. 1	8			134	I	LETT. DEAD T. 6	2		843
LETT. DEAD T. 1	8			578	I	LETT. DEAD T. 10			937
LETT. DEAD T. 1	8			753,1	I	LETT. DEAD T. 10	3		381
LETT. DEAD T. 1	8			911	I				

```
              LORET, BIFAO 16(1919)          245 FF.             455,A.1
              LOUVRE                 C  1                         261
              LOUVRE                 C 14  Z. 13                  497, N
```

```
LUECDECKENS, MDIK 11(1943)        3   A.1              602
LUECDECKENS, MDIK 11(1943)        3   A.1              615
LUECCECKENS, MDIK 11(1943)        5                    133
LUECCECKENS, MDIK 11(1943)        5                    405
LUECCECKENS, MDIK 11(1943)        5                    806
LUECCECKENS, MDIK 11(1943)     T. 3                    697
LUECCECKENS, MDIK 11(1943)     T. 3                    716
LUECCECKENS, MDIK 11(1943)     T. 12                   357
LUECCECKENS, MDIK 14(1956)        29 - 33             1104,AA,ANM
M. P. MOSKAU        3    3                             395
M. P. MOSKAU       30    5                             395
M. P. MOSKAU       42    5                             395
MANETHO                                                366,  N
MANI PS.           67   27                             235
MANI PS.          142   21                             865,ANM
MANI PS.          201   21                             214
```

MAR.	MAST.	A	2		34	I	MAR.	MAST.	S. 230		765
MAR.	MAST.	D	3		253	I	MAR.	MAST.	S. 230	UNTEN LINKS	325
MAR.	MAST.	D	41		865	I	MAR.	MAST.	S. 269		271
MAR.	MAST.	D	62		1002	I	MAR.	MAST.	S. 269		641
MAR.	MAST.	S.	88		340,BB	I	MAR.	MAST.	S. 269		669,AA
MAR.	MAST.	S.	93		319	I	MAR.	MAST.	S. 269		985,2
MAR.	MAST.	S.	107		1051	I	MAR.	MAST.	S. 278 - 279		992
MAR.	MAST.	S.	116 B		765	I	MAR.	MAST.	S. 283 - 284		992
MAR.	MAST.	S.	130		669,AA	I	MAR.	MAST.	S. 287		607,AA
MAR.	MAST.	S.	160		669,AA	I	MAR.	MAST.	S. 287		607,BB
MAR.	MAST.	S.	174		641	I	MAR.	MAST.	S. 295		481,C'
MAR.	MAST.	S.	174		669,AA	I	MAR.	MAST.	S. 296		646
MAR.	MAST.	S.	174		765	I	MAR.	MAST.	S. 324		691
MAR.	MAST.	S.	174		985,2	I	MAR.	MAST.	S. 325		329
MAR.	MAST.	S.	175		593	I	MAR.	MAST.	S. 338		230
MAR.	MAST.	S.	176		688	I	MAR.	MAST.	S. 338		750,1
MAR.	MAST.	S.	181		219	I	MAR.	MAST.	S. 338		750,2,A
MAR.	MAST.	S.	181		694	I	MAR.	MAST.	S. 339		750,1
MAR.	MAST.	S.	195		669,AA	I	MAR.	MAST.	S. 343		689
MAR.	MAST.	S.	203		641	I	MAR.	MAST.	S. 343		650
MAR.	MAST.	S.	203		669,AA	I	MAR.	MAST.	S. 343		691
MAR.	MAST.	S.	203		985,2	I	MAR.	MAST.	S. 354		750,1
MAR.	MAST.	S.	204		765	I	MAR.	MAST.	S. 368		428,BB

```
MARESTAING, LES ECRITURES EGYPTIENNES ETC., PARIS (1913) S. 14   83,A.3
MARIETTE, LES MASTABAS DE L'ANCIEN EMPIRE,  PARIS (1889)          7,A.2
MAYSTRE, BIFAO 40(1941)          60                    830
MDIK 11(1943)        3   A.1       (LUEDDECKENS)       602
MDIK 11(1943)        3   A.1       (LUEDDECKENS)       615
MDIK 11(1943)        5             (LUEDDECKENS)       133
MDIK 11(1943)        5             (LUEDDECKENS)       405
MDIK 11(1943)        5             (LUEDDECKENS)       806
MDIK 11(1943)     T. 3             (LUEDDECKENS)       697
MDIK 11(1943)     T. 3             (LUEDDECKENS)       716
MDIK 11(1943)     T. 12            (LUEDDECKENS)       357
MDIK 14(1956)        29 - 33       (LUEDDECKENS)      1104,AA,ANM
MEDUM             T. 13                                254
MEDUM             T. 19                                254
MEDUM             T. 21                                222
MEINHOF, ZES 12(1922)      256 FF.                     2,A.3
MEIR             4 T.  8                               210
MEIR             4 T.  8                               573,BB
MEIR             4 T.  8                               598,C
MEIR             4 T.  8                               1055
MEIR             4 T.  8      OBEN                     610
MEIR             4 T.  8      OBEN                     614
MEIR             4 T.  8      UNTEN RECHTS             616
MEIR             4 T.  9                               368
MEIR             4 T.  9                               928
MEIR             4 T.  9      UNTEN RECHTS             607,BB,5
MEIR             4 T.  9      UNTERE REIHE             68
MEIR             4 T. 13                               132
MEIR             4 T. 13                               694
MEIR             4 T. 14                               93
MEIR             4 T. 14                               146
MEIR             4 T. 14                               694
MEIR             4 T. 15                               628,CC
MEIR             4 T. 18   1                           145,  N
MEIR             4 T. 18   1                           145,  N
MEIR             4 T. 18   2  UNTERE REIHE             117
MEIR             4 T. 20   6                           385
MEIR             4 T. 20   14                          351
MEIR             4 T. 22                               949,B'B'
MEIR             4 T. 28                               868A
MEIR             5 T. 17                               860,ANM
MEIR             5 T. 17                               928
MEIR             5 T. 18                               936
MEIR             5 T. 18      REG. 1                   928
MEIR             5 T. 18      REG. 1 VCN UNTEN         166,  N
MEIR             5 T. 18      REG. 3                   579,  N
MEIR             5 T. 26   2                           909
MEIR             5 T. 35                               909
MEIR             5 T. 42                               926
MEIR             5 T. 42                               928
MEL. DUSSAUD        S. 497        (DRIOTCN)           1104,BB
MEL. DUSSAUD        S. 497        (DRIOTCN)           1106,BB
MEL. DUSSAUD        S. 501        (DRIOTCN)            658
MEL. DUSSAUD        S. 501  ANM. 1  (DRIOTCN)          858,C,A.1
MERA                571                                398
MERA             B   5                                 117
```

```
        MERA                    C   3        OSTWAND         199
        MERERUKA                                             189
        MERERUKA                                             1147
        MERERUKA                T.  17                       476,CC
        MERERUKA                T.  17                       867
        MERERUKA                T.  41                       325
        MERERUKA                T.  53                       946
        MERERUKA                T.  73                       639,C'
        MERERUKA                T.  85                       949,A'A'
        MERERUKA                T.  99                       325
        MERERUKA                T.  99                       329
        MERERUKA                T. 134                       592
        MERERUKA                T. 140                       363,AA
        MERERUKA                T. 140                       944
        MERERUKA                T. 168                       860
        MERERUKA                T. 168                       1000
        MERERUKA                T. 169                       884
        MERERUKA              2 T. 109                       687
        MERERUKA                A   3        OSTWAND         949,B'B'
        MERERUKA                A   3        OSTWAND         1012,A
        MERERUKA                B   1        WESTWAND        995
        MERERUKA                C   3        OSTWAND         600
        METR. MUS. L          20-21-370                      665,CCN
        METR. MUS. L          20-21-370                      687, N
        MIO 1(1953)                T. 2 B 2   (EDEL)         470,CC
        MIO 1(1953)           213             (EDEL)         872,2,B
        MIO 1(1953)           220 F.          (EDEL)         950,A.2
        MIO 1(1953)           221             (EDEL)         825
        MIO 1(1953)           328             (EDEL)         881
        MIO 1(1953)           328             (EDEL)         909,A
        MIO 1(1953)           328 A 1         (EDEL)         758,I
        MIO 1(1953)           334             (EDEL)         724,4 N
        MIO 1(1953)           334             (EDEL)         727,A N
        MIO 7(1960)           308      ANM. 18 (FISCHER)     121, N
        MIO 7(1960)           316 FF.         (WESTENDORF)   366, N
        MIO 7(1960)           317             (WESTENDORF)   370, N
        MIO 7(1960)           317             (WESTENDORF)   371, N
        MIO 7(1960)           317             (WESTENDORF)   372, N
        MISCELLANEA ACADEMICA BEROLINENSIA 2  2(1950) 45FF.(GARDINER)  650,2,A.1
        MISCELLANEA ACADEMICA BEROLINENSIA 2  2(1950)  86  (KEES)     1141,A,A.1
```

```
MOALLA                    1090              I        MOALLA   2 A'   2        1043
MOALLA   177              693               I        MOALLA   2 A'   2        1043
MOALLA   186    2 C' 2    748,2             I        MOALLA   2 A'   2        1043
MOALLA   193              555,A.1           I        MOALLA   2 A'   2        1043
MOALLA   202              273,A.1           I        MOALLA   2 A'   2        1076
MOALLA   1 A'   2         932               I        MOALLA   2 A'   2        1076
MOALLA   1 B'   1         1050              I        MOALLA   3      6 - 7     1100
MOALLA   1 B'   1         1050,  N          I        MOALLA   3      8          924,BB
MOALLA   1 B'   1         1076              I        MOALLA   3      8         1043
MOALLA   1 B'   3         1065              I        MOALLA   4      7         1065
MOALLA   1 B'   3         1069              I        MOALLA   4      7         1072
MOALLA   1 B'   4         832               I        MOALLA   4      17         474,BB
MOALLA   1 B'   5         1065              I        MOALLA   4      24        1032,B
MOALLA   1 B'   5         1069              I        MOALLA   6 C'   X + 8      903
MOALLA   2 A'   2         938               I
```

```
        MOELLER, AEZ 50(1912)           123               420,  N
        MOELLER, HIER. PAL.   ERGAENZUNGSHEFT              84
        MOELLER, HIER. PAL. 1                              84
        MOELLER, HIER. PAL. 1 NR. 51                       75
        MOELLER, LESEST.    1 S. 20      OBEN, Z. 8        753,1
        MOGENSEN, LE MAST. EG.    FIG. 4                   906,BB
        MOHR, HETEPHERAKHTI       FIG. 45                  750,2,A
        MOHR, HETEPHERAKHTI      40                        602
        MOHR, HETEPHERAKHTI      75                        616
        MOHR, HETEPHERAKHTI      79                        685,B
        MOHR, HETEPHERAKHTI      82                        915,B'
        MONO-MYERS, ARMANT  T. 99    NR. 10               418
        MONTET, KEMI  4(1933)           171               602
        MONTET, KEMI  6(1936)            90               734
        MONTET, KEMI  6(1936)            90      UNTEN     623
        MONTET, KEMI  6(1936)            91               839
        MONTET, KEMI  6(1936)            91               927
        MONTET, KEMI  6(1936)            93               509
        MONTET, KEMI  6(1936)            93               926
        MONTET, KEMI  6(1936)            93               928
        MONTET, KEMI  6(1936)            94               623
        MONTET, KEMI  6(1936)            97               201
        MONTET, KEMI  6(1936)            97               878
        MONTET, KEMI  6(1936)            98               178
        MONTET, KEMI  6(1936)           107               244
        MONTET, KEMI  6(1936)           107               244
        MONTET, KEMI  6(1936)           117               201
        MONTET, KEMI  6(1936)           118               735,BB
        MONTET, KEMI  6(1936)           133 Z. 6          59
        MONTET, SCENES                                    7,A.3
        MONTET, SCENES          41                        693
        MONTET, SCENES         162                        907
        MONTET, SCENES         202 - 203                  484
        MONTET, SCENES         206                        1000
        MONTET, SCENES         237   2                    685,B
        MONTET, SCENES         328                        692,B
        MONTET, SCENES         387   4                    696
        MONTET, SCENES         398                        99,A.5
        MONTET, SPHINX 14(1910)        224 FF.            256A, N,ANM
        MORET, CRAIBL (1937)           242 Z.  4          454
```

```
MORET, CRAIBL  (1937)                242 Z. 12              630,GG
MSOS 37(1934)        ABT. 3   36 FF.      (VYCICHL)         1,A.1
MSOS 37(1934)        ABT. 3  108                            342,ANM1
NAGA-ED-DER          12  3 - 4                              906,CC
NAWG (1963)          NR. 5    S. 178      (EDEL)            426,  N
NEFERIRT.            55                                     390
NEFERIRT.            56                                     606,A.2
NEFERIRT.            59                                     173,A
NEFERIRT.            59                                     193
NEFERIRT.            59                                     282
NEFERIRT.            59                                     304
NEFERIRT.            59                                     329
NEFERIRT.            59                                     329
NEFERIRT.            59                                     958
NEFERIRT.            60                                     404
NEFERIRT.            63                                     193
NEUSERRE                     BL. 16                         793
NEUSERRE             122                                    247
NEUSERRE             139                                    417,A.2
NEUSERRE             144  ABB. 125 A                        417,A.2
NEUSERRE             145                                    417,A.2
NY CARLSBERG                 T. 93                          34,  N
NY CARLSBERG         1241     Z. 11                         997,A.2
NY CARLSBERG         1241   2                               342,ANM2
NY CARLSBERG         1241  14                               93
P. ABUSIR            21  VS                                 1097
P. BERL.             3008  3                                420,  N
P. BERL.             10500                                  86
P. BERL.             10500                                  416
P. BERL.             10500 A  VS   3                        420
P. BERL.             10500 A  VS   3                        420
P. BOUL.             8                                      86
P. BOUL.             8    5                                 406
P. BOUL.             8    6                                 821,A
P. BOUL.             8    6                                 873,2
P. BOUL.             8    6                                 910
P. BOUL.             8    7                                 841
P. BOUL.             8    8                                 383
P. BOUL.             8    8                                 969
P. BOUL.             8    9                                 406
P. BOUL.             8   11                                 838
P. BOUL.             8   13                                 406
P. ELEPHANT.                              (FRAGMENT)        86
P. PET.              1116 A   53                            499,ANM2
P. PET.              1116 A   53                            1120
P. PET.              1116 A   84                            842,A.1
P. RHIND             77                                     311
PAL.                 RS   3   2                             410
PAL.                 VS   3   7 - 9                         411
PAL.                 VS   5   1                             411
PAL.                 VS   5   3                             411
PAL.                 VS   5   9                             426
PBA 23(1937)         1 FF.        (GARDINER)               463,A.1
PBA 23(1937)         1 FF.        (GARDINER)               463,S.209,A.1
PETRIE, COURT.       22                                    167,AA
PETRIE, R.T.         1 T. 10 N.  3                          93
PETRIE, R.T.         2 T. 25 N. 19                          93
PIANKOFF, BIFAO 42(1943)        T. 36, 8                   491,C N
PIANKOFF-CLERE, JEA 20(1934)    157 FF.                    10,A. 9
PIANKOFF-CLERE, JEA 20(1934)    158  Z. 17                 1016,B
PIANKOFF-CLERE, JEA 20(1934)    158  Z. 17 - 18            1015
PIEHL, SPHINX 14(1910)          201 FF.                    427,A.2
PIEHL, SPHINX 14(1910)          201 FF.                    427,A.3
PLUTARCH, DE ISIDE ET OSIRIDE   KAP.  7                    80,A.1
```

```
PN  1   13    21        919,A        I        PN  1  201    9         494
PN  1   16    30        195          I        PN  1  204   23         1079
PN  1   35    23        264          I        PN  1  206   17         195
PN  1   61    10         39,  N      I        PN  1  211   14         335
PN  1   63    13        642,AA       I        PN  1  219   10         948
PN  1   67     9        490          I        PN  1  228    8         459
PN  1   80     6        222,  N      I        PN  1  228   13         459
PN  1   82     6        494          I        PN  1  231   25         264
PN  1   86    22        336          I        PN  1  235    5         344
PN  1  129    16        195          I        PN  1  239   13         130,3
PN  1  129    16        913          I        PN  1  258   17         100
PN  1  133     6        243,AA       I        PN  1  273   12         834,  N
PN  1  138    20        573,CC       I        PN  1  273   12         949,A'A'
PN  1  152     9        573,CC       I        PN  1  277   15         915,B'
PN  1  168     9        1076         I        PN  1  302    2         366
PN  1  168     9        1090         I        PN  1  305   10         573,CC
PN  1  168    16        1079         I        PN  1  307   17         167,AAN
PN  1  168    17        1076         I        PN  1  326    6         967
PN  1  168    21        1076         I        PN  1  326   15         341
PN  1  168    21        1091,A       I        PN  1  327    2         341
PN  1  168    23        1076         I        PN  1  327    7         341
PN  1  171    11        366          I        PN  1  327    9         341
PN  1  172     7         99          I        PN  1  329    1         340,BB
PN  1  172    10        366          I        PN  1  329    9         340,BB
PN  1  172    13        347, 3       I        PN  1  339    7         573,CC
PN  1  173     6        366          I        PN  1  339   10 - 13    966,A'
PN  1  173    13        366          I        PN  1  340   14         950
PN  1  176     5        366          I        PN  1  340   16         160,AA
PN  1  183    18        264          I        PN  1  341    2         950
PN  1  183    28        947          I        PN  1  384   12         264
PN  1  184    16        966,A'       I        PN  1  385    9         950
PN  1  197    23        579          I        PN  1  399   20 - 21    459
```

```
PN  1  399   22 - 23      459              I      PN  2  432    3                947
PN  1  400   14           130,4            I      PN  2  14                        99,A.4
PN  1  414   15           128              I      PN  2  16               MIT ANM. 1  82,A.2
PN  1  422   19           368,  N          I      PN  2  27                       167,AAN
PN  1  426   28           573,CC           I      PN  2  273    8                229
PN  1  426   28           633              I      PN  2  296   18                566,A'
PN  1  426   28           946              I      PN  2  296   28                947
PN  1  428   12           915,A'           I      PN  2  298   17                949,A'A'
PN  1  430    2           915,A'           I      PN  2  317    9                344,  N
PN  1  430    8           915,A'           I      PN  2  321    3                950
PN  1  430   11           915,B'           I      PN  2  331    7                 29,  N
```

```
POLOTSKY, BIBL. ORIENTALIS J.4,NR.5(1947)      102 FF.        467,A.1
POLOTSKY, ETUD.        S.  51 FF.                             505,ANM
POLOTSKY, ETUD.        S.  83 - 85                            508
POLOTSKY, ETUD.        S.  90                                 496
POLOTSKY, ETUD.        S.  93                                 508
POLOTSKY, ETUD.        $   28                                 493,S.229,A.1
POLOTSKY, INSCHR.      S.  40 - 41                            835,ANM
POLOTSKY, INSCHR.      S.  51                                 761
POLOTSKY, INSCHR.      $   23                                 112,A.1
POLOTSKY, INSCHR.      $   47 A                               112
POLOTSKY, INSCHR.      $   78 K                               950,A.1
POLOTSKY, JEA 25(1939)     113                                151
PR.                    232                                    335
PR.                    316                                    335
PR.                    471                                    490,A.1
PRISSE                 10    10                               357
PRISSE                 17                                     239
PSBA 22(1900)          37              (GARDINER)             345,A.2
PSBA 25(1903)          334             (GARDINER)             763
PSBA 34(1912)          261        ANM. 14  (GARDINER)         260,A.1
PTAHH.                 2     7                                861
PTAHH.                 2    19                                244
PTAHH.  ED.DEV.        37                                     617,ANM
QUIB. HAYTER           22                                     112,  N
QUIB. HAYTER           22                                     167,BB
QUIB. HAYTER           22                                     606
QUIB. HAYTER           22                                     609
QUIB. HAYTER           22                                     734
QUIB. SAQQ.            3     T. 64                            390
QUIBELL, ASAE  3(1902)     256                                263
QUIBELL, ASAE  3(1902)     256                                274
QUIBELL, ASAE  3(1902)     256                                279
RAMESS.                T. 31                                  284
RAMESS.                T. 32                                  273
RAMESS.                T. 32                                  611
RAMESS.                T. 32                                  611
RAMESS.                T. 33                                  203
RAMESS.                T. 33                                  1006,AA,A'A'
RAMESS.                T. 34                                  121,  N
RAMESS.                T. 34                                  883
RAMESS.                T. 36                                  197
RAMESS.                T. 36                                  286,  N
RAMESS.                T. 36                                  819,A
RAMESS.                T. 36                                  868A
RAMESS.                T. 36                                  909
RAMESS.                T. 36                                  934
RAMESS.                T. 36                                  936
RANKE, AEZ 58(1923)    136                                   267,A.1
RANKE, AEZ 60(1925)    80        ANM. 9                       222
RANKE, AEZ 60(1925)    81                                     219
RANKE, APAW  (1910)                                          108,A.2
RANKE, JAOS 70(1950)   65 FF.                                 82,A.1
REC. 16(1894)          130             (DARESSY)             724,4
REC. 22(1900)          20              (CHASSINAT)           1139
REC. 24(1902)          201 FF.         (LACAU)               244
REC. 25(1903)          160             (LACAU)               91,A.1
REC. 31(1909)          73 FF.          (LACAU)               248
REC. 31(1909)          89              (LACAU)               210,A.1
REC. 34(1912)          121             (LACAU)               392,6
REC. 35(1913)          32              (LACAU)               286,  N
REC. 35(1913)          216             (LACAU)               575,CC
REC. 35(1913)          217   Z. 6      (LACAU)               576,A.1
REC. 35(1913)          223             (LACAU)               345
REC. 35(1913)          223             (LACAU)               345,  N
REC. 35(1913)          223             (LACAU)               1065
REC. 35(1913)          226             (LACAU)               133,A.1
REC. 35(1913)          231             (LACAU)               346,A.3
REC. 40(1923)          79              (GARDINER)            1130,1
REINISCH, SKAW 105(1884)     616                             444,ANM
REISNER  G             2001                                  1130,1
REISNER  G             2375            (EIGENE ABSCHRIFT)     465
REISNER  G             2375            (EIGENE ABSCHRIFT)     465,  N
REISNER  G             2375            (EIGENE ABSCHRIFT)     574,AA
REISNER  G             7832                                  516,1 N
REISNER, AEZ 64(1929)     T.   3    3                        965
REISNER, AEZ 64(1929)     T.   3    3                        966,A'
REISNER, AEZ 64(1929)  98                                    306
REISNER, AEZ 64(1929)  98    = T. 3,4                        347,3
REV. D'EGYPT. 5(1946)  46              (LEFEBVRE)            364,A.1
REV. D'EGYPT. 8(1951)  75 FF.          (GARNOT)             448,  N
REV. D'EGYPT. 9(1952)  5               (BARGUET)            514,  N
REV. D'EGYPT. 11(1957) 39              (DRIOTON)            202,  N
RIFEH                  1    16    16 - 17                     990
ROESSLER, WZKM 49(1942)    302                               2,A.2
ROESSLER, WZKM 49(1942)    307                               3,A.3
```

```
        ROESSLER, ZEITSCHR.F.ASSYRIOLOGIE NF.16(1951)  121 F.              1,  N
        ROSELLINIFESTSCHRIFT  2  T. 33         (STEINDORFF)           474,BB
        ROSELLINIFESTSCHRIFT  2  T. 33         (STEINDORFF)           481,B'
        ROSELLINIFESTSCHRIFT  2  T. 33         (STEINDORFF)           691
        ROSELLINIFESTSCHRIFT  2  T. 33         (STEINDORFF)           831
        ROSETTANA                  R.  9                              335
        ROWE, ASAE 39(1939)    189      Z. 14                         906,AA
```

```
RUE  11              297                    I      RUE   53              613
RUE  11              564                    I      RUE   53              623
RUE  32              881                    I      RUE   53              750,2,A
RUE  33              357                    I      RUE   53              750,2,B
RUE  33              601                    I      RUE   53              757
RUE  37              574,BB                 I      RUE   55              623
RUE  37              577                    I      RUE   56              622
RUE  37              593                    I      RUE   56              623
RUE  42    OBEN LINKS  619                  I      RUE   56              731
RUE  44              750,2,B                I      RUE   56              734
RUE  44    OBEN     325                     I.     RUE   56              735,BB
RUE  45              271                    I      RUE   56              883
RUE  45              325                    I      RUE   56              930
RUE  45              731                    I      RUE   56    MITTE     325
RUE  45              735,BB                 I      RUE   67              750,2,B
RUE  45    OBEN     616                     I      RUE   81              928
RUE  45    UNTEN    325                     I      RUE   87              360
RUE  48              357                    I      RUE   87              750,2,B
RUE  48              919,A                  I      RUE   87              800
RUE  53              203                    I      RUE  101              771
RUE  53              600                    I      RUE  101    UNTEN LINKS  607,BB,4
```

```
        RUELLE, CATALOGUS COD. ASTROLOG. GRAEC.  VIII  2 S. 38 FF.    339,A.2
        S               54                                           675
        S              290                                           963
        S              376                                           428,CC
        S              410                                           555,C
        S              507                                           583
        S              514                                           630,GG
        S              532                                           677
        SAECULUM  1(1950)     633              (STOCK)               11,A.2
        SAHURE          1    S.  83                                  230
        SAHURE          1    S. 123                                  232
        SAHURE          2    T.  9                                   259
        SAHURE          2    T.  9                                   593
        SAHURE          2    T. 17                                   259
        SALL.           1    5   3                                   309
        SALL.           1    9   2                                   311
        SANDER-HANSEN, ACTA ORIENTALIA 14(1936)    26 FF.            318
        SANDER-HANSEN, ACTA ORIENTALIA 14(1936)   286 FF.            828,A.1
        SANDER-HANSEN, UEBER DIE BILDUNG DER MODI IM ALTAEGYPTISCHEN 467,A.1
        SAQQ. MAST.        1    11                                   861
        SAQQ. MAST.        1    11                                   866
        SAQQ. MAST.        1  T. 11      1. REIHE VON OBEN           615
        SAQQ. MAST.        1  T. 11      UNTEN LINKS                 650,2
        SAQQ. MAST.        1  T. 18                                  290
        SAQQ. MAST.        1  T. 21      UNTEN                       343
        SAQQ. MAST.        1  T. 21      UNTEN                       607,AA
        SAQQ. MAST.        1  T. 23      UNTEN                       607,AA
        SAQQ. MAST.        1  T. 25                                  273
        SAQQ. MAST.        2  S. 15                                  750,1
        SAQQARA, FRAGMENT IN                                        500,BB
        SAQQARA, FRAGMENT IN                                        804
        SBAW (1942) H. 3       S. 62 - 74      (SCHARFF)            24,A.1
        SCHABAKASTEIN                                               901,ANM
        SCHABAKASTEIN                                               959
        SCHABAKASTEIN           15 C                                123
        SCHABAKASTEIN           Z. 60                               798
        SCHARFF, SBAW (1942) H. 3        62 - 74                    24,A.1
        SCHARFF-MOORTGAT, AEGYPTEN UND VORDERASIEN IM ALTERTUM (1950)  6,A.5
        SCHEINTUER WESTL. D. MERERUKA-MASTABA                       39,  N
        SCHENKEL, FRUEHMITTELAEG. STUDIEN, BONN (1962)  S. 73       301,  N
        SCHIFFBR.              7                                    252,  N
        SCHIFFBR.             21 - 22                               617,ANM
        SCHIFFBR.             39                                    570
        SCHIFFBR.            125                                    617,ANM
        SCHIFFBR.            152                                    357
        SCHMIDT, GGA 196(1934)  177                                 222
        SCHOTT, DIE VERTREIBUNG DER LIBYER, PAIDEUMA BD.4(1950)S.139FF  24,A.2
        SCHOTT, MYTHENBILDUNG                                       14,A.2
        SCHOTT, MYTHENBILDUNG         1    ANM. 6                   104,A.2
        SCHOTT, UNTERS. ZUR SCHRIFTGESCHICHTE DER PYRAMIDENTEXTE(1926)  69,A.1
        SETHE, AEZ 39(1901)           130 FF.                       460,A.1
        SETHE, AEZ 41(1904)            89                           412
        SETHE, AEZ 41(1904)            89                           415
        SETHE, AEZ 42(1905)           142 - 143                     99,A.2
        SETHE, AEZ 43(1906)           144                           8,A.2
        SETHE, AEZ 44(1907/8)          80                           210,A.1
        SETHE, AEZ 44(1907/8)          80      ANM. 2               154,A.5
        SETHE, AEZ 45(1908/9)          44 FF.                       65,A.2
        SETHE, AEZ 45(1908/9)          51                           76,A.1
        SETHE, AEZ 47(1910)            7 FF.                        404
        SETHE, AEZ 47(1910)           13 - 14                       406,  N
        SETHE, AEZ 47(1910)           59 FF.                        184
        SETHE, AEZ 47(1910)          140                            463,S.209,A.1
        SETHE, AEZ 49(1911)           15 FF.                        105
        SETHE, AEZ 49(1911)           99                            307
        SETHE, AEZ 50(1912)           57                            306
        SETHE, AEZ 50(1913)          112      A. 5                  1064
```

```
SETHE, AEZ 50(1913)              112 FF.                      1053,A.2
SETHE, AEZ 50(1913)              112 FF.                      1064
SETHE, AEZ 50(1913)              112 FF.                      1092,A.1
SETHE, AEZ 54(1918)               98                          463,S.209,A.1
SETHE, AEZ 57(1922)                1 *                        996,A.2
SETHE, AEZ 57(1922)               33                          230
SETHE, AEZ 58(1923)               12                          202,S.90,A.1
SETHE, AEZ 58(1923)               18 *                        607,BB
SETHE, AEZ 58(1923)               45 FF.                      455,A.1
SETHE, AEZ 58(1923)               53                          367
SETHE, AEZ 59(1924)               63 -   64                   1101,ANM
SETHE, AEZ 61(1926)               77                          1045
SETHE, AEZ 61(1926)               78                          1051
SETHE, AEZ 61(1926)               80                          820
SETHE, AEZ 61(1926)               80                          1101,ANM
SETHE, AEZ 64(1929)                2                          578
SETHE, AEZ 64(1929)                2 -   3                    747,1,A
SETHE, AEZ 64(1929)                3                          903
SETHE, AEZ 64(1929)                9 FF.                      22,A.1
SETHE, AEZ 70(1934)              134                          104,A.2
SETHE, DER URSPRUNG DES ALPHABETS (1916) S. 88 FF.           36,A.1
SETHE, DIE ALTAEGYPTISCHEN PYRAMIDENTEXTE (1908-1910) BD. I -4    8,A.1
SETHE, DRAM. TEXTE                                           11,A.2
SETHE, DRAM. TEXTE       S.  37                              1105
SETHE, DRAM. TEXTE       S.  53                              1014
SETHE, DRAM. TEXTE       S.  57 F.                           959
SETHE, DRAM. TEXTE       S. 114                              1014
SETHE, DRAM. TEXTE       S. 203                              1102,ANM
SETHE, DRAM. TEXTE       S. 203                              1106,BB
SETHE, DRAM. TEXTE       S. 216 FF.                          392,6
SETHE, DRAM. TEXTE       S. 238                              639,F'
SETHE, DRAM. TEXTE       S. 240                              1111
SETHE, DRAM. TEXTE       S. 242                              1111
SETHE, LESEST.           74  16                              946
SETHE, LESEST.           75   6                              946
SETHE, LESEST.           79   5                              227
SETHE, LESEST.           79   5                              228
SETHE, LESEST.           79   5                              232
SETHE, NOMINALSATZ       S.   5                              912
SETHE, NOMINALSATZ       S.  23 FF.                          939,A.1
SETHE, NOMINALSATZ       S.  27                              22
SETHE, NOMINALSATZ       S.  59 FF.                          944
SETHE, NOMINALSATZ       S.  96  $ 145                       966,C'
SETHE, NOMINALSATZ       $ 81        ENDE                    554,A.1
SETHE, URKUNDEN DES ALTEN REICHES (1932-1933), HEFT 1 - 4    7,A.2
SETHE, VERBUM            PASSIM                              1103
SETHE, VERBUM            1                                   108,S.48,A.2
SETHE, VERBUM            1  $ 112                            450,BB
SETHE, VERBUM            1  $ 118                            450,BB
SETHE, VERBUM            1  $ 227 - 228                      123
SETHE, VERBUM            1  $ 255  3                         119
SETHE, VERBUM            1  $ 357                            427,A.2
SETHE, VERBUM            1  $ 403  2                         603,A.1
SETHE, VERBUM            1  $ 457                            460,A.1
SETHE, VERBUM            2  $   9                            577
SETHE, VERBUM            2  $ 261                            452
SETHE, VERBUM            2  $ 261                            514
SETHE, VERBUM            2  $ 457 FF.                        554,A.1
SETHE, VERBUM            2  $ 497                            624
SETHE, VERBUM            2  $ 501                            598,A,ANM
SETHE, VERBUM            2  $ 668                            685,B
SETHE, VERBUM            2  $ 805                            667,A.1
SETHE, VERBUM            2  $ 978                            682,A.1
SETHE, VERBUM            2  $ 1017                           743
SETHE, VERBUM            2  $ 1018                           1106,BB
SETHE, ZAHLEN           S.  50                               311
SETHE, ZAHLEN           S. 103 FF.                           410
SETHE, ZAHLEN           S. 104                               410,S.179,A.1
SETHE, ZAHLEN           S. 112                               407,  N
SETHE, ZAHLEN           S. 120                               409
SETHE, ZAHLEN           S. 120                               920
SETHE, ZDMG 77(1923)     145 - 207                           151,A.1
SETHE, ZDMG 77(1923)     190 FF.                             156,A.3
SETHE, ZDMG 79(1925)     290 FF.                             20,A.1
SETHE, ZEITRECHNUNG                                          415,  N
SETHOS I.                                                    830
SETHOS I., STELE         Z. 5 - 6                            230
SHEIKH SAID              T. 19                               210
SIN.                     B   44                              642,BB
SIN.                     B   45                              617,ANM
SIN.                     B   81                              357
SIN.                     B  149                              753,2,B
SIN.                     B  161                              751,D
SIN.                     B  183                              347, 3
SIN.                     B  223                              858,A
SIN.                     B  234                              1034
SIN.                     R    7 -  8                         858,A
SINAI                        90                              1106,BB,A.1
SINAI                        90  13                          897,A.1
SIUT                     1  231                              101,  N
SIUT                     1  271                              1051
SIUT                     1  272                              400
SIUT                     1  272                              545
SIUT                     1  278                              734
SIUT                     1  279                              831
SIUT                     1  280 - 281                        545
SIUT                     1  310                              545
```

SIUT		1	312		641,A.1
SIUT		3	1		681,3
SIUT		3	1		902
SIUT		3	10		488,CC
SIUT		3	11		1054
SIUT		3	14		1054
SIUT		3	20		406
SIUT		4	10		565
SIUT		4	14		530
SIUT		4	20		692,C
SIUT		4	22		399
SIUT		6	17		804
SKAW 105(1884)		616		(REINISCH)	444,ANM

SMITH					852	I	SMITH	7	15 - 17	949,B'B'	
SMITH	C	13	6	5	839	I	SMITH	7	15 - 17	949,B'B'	
SMITH	1	26			545	I	SMITH	8	1	579	
SMITH	2	4			449	I	SMITH	8	4	1032,G	
SMITH	2	6			510	I	SMITH	8	6 - 8	949,B'B'	
SMITH	2	6			1032,G	I	SMITH	10	9 - 10	949,B'B'	
SMITH	3	2 - 5			949,B'B'	I	SMITH	11	11	630,GG	
SMITH	3	7			510	I	SMITH	11	11	685,G,ANM	
SMITH	3	7			1032,G	I	SMITH	11	15	630,GG	
SMITH	3	17			545	I	SMITH	11	15	685,G,ANM	
SMITH	4	10			510	I	SMITH	11	18	575,BB	
SMITH	4	10			1032,G	I	SMITH	12	7	162,ANM	
SMITH	4	14			545	I	SMITH	12	13	162,ANM	
SMITH	4	17			1076	I	SMITH	13	9	1032,G	
SMITH	5	15			210,A.2	I	SMITH	16	16 - 20	949,B'B'	
SMITH	5	15			256,A.1	I	SMITH	17	15 - 18	949,B'B'	
SMITH	6	4 - 6			949,B'B'	I	SMITH	21	19	857	
SMITH	6	4 - 6			949,B'B'	I	SMITH	21	19	1029,A,CC	
SMITH	6	8			162,ANM	I	SMITH	22	1	857	
SMITH	7	1 - 4			949,B'B'	I	SMITH	22	1	1029,A,CC	

SMITH, STEV., AMER. JOURN. OF ARCH. 46(1942)		517		909,A
SMITH, STEV., JEA 19(1933)		153 T. 24		34, N
SMITH, STEV., JNES 11(1952)		116 - 120		414, N
SMITH, STEV., JNES 11(1952)		116 - 120		415, N
SMITH, STEV., JNES 11(1952)		116 - 120		416, N
SMITH-GACD, JEA 11(1925)		230 FF.		392
SMITHER, JEA 28(1942)		16		980
SODEN,VON, GRUNDR.		$ 55		219, N
SODEN,VON, GRUNDR.		$ 55 39		222, N
SODEN,VON, GRUNDR.		$ 77 A		571
SODEN,VON, GRUNDR.		$ 89 C		440,A.1
SODEN,VON, GRUNDR.		$ 113 K		750,1,ANM
SPAW (1914)		267	(ERMAN)	539
SPAW 39(1912)		911 FF.	(ERMAN)	428,BB
SPAW 39(1912)		959 - 960	(ERMAN)	34,A.2
SPEISER, JCS 6		81		440,A.1
SPHINX 14(1910)		201 FF.	(PIEHL)	427,A.2
SPHINX 14(1910)		201 FF.	(PIEHL)	427,A.3
SPHINX 14(1910)		224 FF.	(MONTET)	256A, N,ANM
SPIEGEL, AEZ 71(1935)		59		311,A.2
SPIEGEL, AEZ 71(1935)		69		306
SPIEGEL, AEZ 71(1935)		70 FF.		656,A.1
SPIEGEL, AEZ 75(1939)		118		99,A.5
SPIEGELB. DEMOT. GR.		$ 207		1104,AA,ANM
SPIEGELB.-POERTNER	1	4 11		518,1
SPIEGELB.-POERTNER	1	4 11		522
STEIND. CATAL.		T. 54 274		949,B'B'
STEIND. CATAL.		280		598,A
STEIND. CATAL.		280		600
STEIND. GRABF.		2 19		558,D
STEIND. GRABF.		2 S. 8 T. 2		392,6
STEIND. K. GR.		$ 330 FF.		233
STEIND. K. GR.		$ 526		1064
STEIND. LEHRB.		$ 259		579,A.1
STEIND. LEHRB.		$ 262		579,A.1
STEIND. LEHRB.		$ 276 FF.		480
STEINDORFF, ROSELLINIFESTSCHRIFT 2 T. 33				474,BB
STEINDORFF, ROSELLINIFESTSCHRIFT 2 T. 33				481,B'
STEINDORFF, ROSELLINIFESTSCHRIFT 2 T. 33				691
STEINDORFF, ROSELLINIFESTSCHRIFT 2 T. 33				831
STOCK, SAECULUM 1(1950)		633		11,A.2
STRICKER, INDEELING		14		20,A.1
STRICKER, INDEELING		31		14,A.1
TH. T.		319		517
THACKER, JEA 35(1949)		31 FF.		836,ANM
THACKER, JEA 35(1949)		31 FF.		924,BB,A.2
THAUSING, WZKM 39(1932)		287 FF.		257,A.2
THAUSING, WZKM 48(1941)		5 FF.		428,AA,A.1

TI				1147	I	TI	T.	64		325
TI	T.	21		687	I	TI	T.	67		280
TI	T.	22		693	I	TI	T.	67		696
TI	T.	25		689	I	TI	T.	68		696
TI	T.	25		690	I	TI	T.	69		325
TI	T.	25	LINKS	325	I	TI	T.	72		579
TI	T.	27		273	I	TI	T.	72		611
TI	T.	27	Z. 3	68	I	TI	T.	72		611
TI	T.	27	Z. 3	325	I	TI	T.	72		1060
TI	T.	60	OBEN	325	I	TI	T.	77		92
TI	T.	61		94	I	TI	T.	78		357
TI	T.	62		280	I	TI	T.	80		593
TI	T.	64		280	I	TI	T.	80		685,B

TI	T. 80		720	I	TI	T. 118		630,CC	
TI	T. 80		915,A'	I	TI	T. 118		1005,A	
TI	T. 84	3. REIHE VON OBEN	610	I	TI	T. 119		619	
TI	T. 86		57	I	TI	T. 119	2. REIHE VON UNTEN	34	
TI	T. 110		750,2,A	I	TI	T. 119	2. REIHE VON UNTEN	34, N	
TI	T. 110		750,3,A	I	TI	T. 123		148	
TI	T. 110		1108	I	TI	T. 123		230	
TI	T. 110		1108	I	TI	T. 123		381	
TI	T. 110	MITTE	610	I	TI	T. 123		598,A	
TI	T. 110	MITTE	610	I	TI	T. 123		821,B	
TI	T. 110	MITTE RECHTS	602	I	TI	T. 123		839	
TI	T. 111		130,3	I	TI	T. 123		1007	
TI	T. 111		162,ANM	I	TI	T. 123		1009	
TI	T. 111		162,ANM	I	TI	T. 124		573,CC	
TI	T. 111		203	I	TI	T. 124		630,CC	
TI	T. 111		206	I	TI	T. 124		1007	
TI	T. 111		295	I	TI	T. 124	3. REIHE VON UNTEN	602	
TI	T. 111		473,EE	I	TI	T. 127		624	
TI	T. 111		588	I	TI	T. 127		750,2,A	
TI	T. 111		731	I	TI	T. 127	UNTEN RECHTS	616	
TI	T. 111		735,BB	I	TI	T. 128		244	
TI	T. 111		750,2,A	I	TI	T. 128		1000	
TI	T. 111		760,G	I	TI	T. 131		693	
TI	T. 111		883	I	TI	T. 131		694	
TI	T. 111		884	I	TI	T. 132		189	
TI	T. 111		1005,D	I	TI	T. 132		573,CC	
TI	T. 111		1012,B	I	TI	T. 132		587	
TI	T. 112		182, 2	I	TI	T. 132		750,2,A	
TI	T. 115		1106,BB	I	TI	T. 133		65	
TI	T. 115		1106,BB	I	TI	T. 133		246	
TI	T. 115		1106,BB	I	TI	T. 133		573,CC	
TI	T. 116		610	I	TI	T. 133		584	
TI	T. 116		919,A	I	TI	T. 133		607,CC	
TI	T. 116		919,A	I	TI	T. 133		607,CC	
TI	T. 116	2. REIHE VON OBEN	610	I	TI	T. 133		614	
TI	T. 117		246	I	TI	T. 133		644	
TI	T. 117		422	I	TI	T. 133		951,A'A'	
TI	T. 117		598,B	I	TI	T. 133	MITTE LINKS	607,CC	
TI	T. 117		750,2,B	I	TI	T. 134		610	
TI	T. 117		881	I	TI	T. 135		94	
TI	T. 117	2. REIHE VON OBEN	148	I	TI	T. 138		573,CC	
TI	T. 117	LINKS	618	I	TI	T. 138		619	
TI	T. 117	LINKS	868A	I	TI	T. 138		750,2,A	
TI	T. 118		130,3	I	TI	T. 138	UNTEN	871	
TI	T. 118		191	I	TI	T. 138	UNTEN	881	
TI	T. 118		593	I	TI	T. 138	UNTEN LINKS	919,A	

TILL, BSAC 13(1950)	13 FF.		153,A.3
TILL, DIALEKTGRAMMATIK	$ 8 FF.		151,S.67,A.2
TILL, DIALEKTGRAMMATIK	$ 12		151,S.67,A.1
TOTB.	17		392,7
TOTB.	17		411,A.2
TOTB.	58	2	1006,AA,B'B'
TOTB.	65		812
TOTB.	97	EA T. 41 9	1110
TOTB.	122	2	1006,AA,B'B'
TOTB.	123	EA (NU)	340,BB
TOTB.	123	PA (BIS)	340,BB
TOTB.	147		1110
TOTB.	149	B	182, 4
TPPI	S. 11		340,BB
TPPI	$ 15	8	630,FF
TPPI	$ 15	9	607,BB
TPPI	$ 16	4	534, N
TPPI	$ 20	11	573,AA
TPPI	$ 24	3 - 4	1081
TPPI	$ 32		997,A.2
TURIN	1628		530

URK	4,	47,12	640	I	URK	4, 654,16	134	
URK	4,	82,12	500,AA	I	URK	4, 655, 5	130,3	
URK	4,	82,12	(2. AUFLAGE) 406, N	I	URK	4, 661,13	816,ANM	
URK	4,	85,15	376,ANM	I	URK	4, 697,14	816,ANM	
URK	4,	133, 8	249	I	URK	4, 818, 3	990,A.1	
URK	4,	133, 8	251	I	URK	4, 965,12-14	530, N	
URK	4,	158,11	825	I	URK	4, 965,14	516,1 N	
URK	4,	168,12	401	I	URK	4, 973,14	677	
URK	4,	197,17	990,A.1	I	URK	4, 993, 8	663	
URK	4,	202, 8	667,A.1	I	URK	4,1021, 5	384	
URK	4,	225,14	881	I	URK	4,1079, 5	1106,BB,A.1	
URK	4,	228, 3	566	I	URK	4,1199,15-16	816,ANM	
URK	4,	257, 9	840	I	URK	4,1234, 6	832	
URK	4,	259, 1	547, N	I	URK	4,1236,10	1050, N	
URK	4,	259, 7	547, N	I	URK	4,1281, 8	857	
URK	4,	259,12	547, N	I	URK	4,1292,15-16	1050, N	
URK	4,	260, 7	839	I	URK	5, 28, 1	411,A.2	
URK	4,	262, 1	357	I	URK	5, 96	661,C,ANM	
URK	4,	330, 3	1070	I	URK	5, 104, 6	701,A'	
URK	4,	346, 9	831	I	URK	5, 104,10	701,A'	
URK	4,	363, 6	425	I	URK	5, 160	1006,AA,B'B'	
URK	4,	363,12	1099,B	I	URK	5, 165	1006,AA,B'B'	
URK	4,	365,11	1104,AA,ANM	I	URK	5, 179, 6	52,A.1	
URK	4,	368, 3- 4	816,ANM	I	URK	5, 179, 6	66,A.1	
URK	4,	484,11	667,A.1	I	URK	5, 179, 6	213	
URK	4,	484,11	667,A.1	I	URK	7, 8, 7	750,1	
URK	4,	490,17	768,F	I	URK	7, 15, 8	570	
URK	4,	547	612	I	URK	7, 48, 4	92	

```
        ZOSERBEZIRK, GEFAESSINSCHRIFT                                        84,A.4
        ZOSERBEZIRK, LOSES FRAGMENT WESTLICH DES   (EIGENE ABSCHRIFT)        937
        ZYHLARZ, AEZ 67(1931)           133 FF.                              5
        ZYHLARZ, AEZ 70(1934)           107 FF.                              5
        ZYHLARZ, ZES 23(1932)            87 - 104                            .5
        ZYHLARZ, ZES 23(1932)            88                                  269
        ZYHLARZ, ZES 23(1932)            88           ANM. 2                 3,A.1
        ZYHLARZ, ZES 23(1932)           161 - 173                            5
```

Entry	Source	Ref		Entry	Source	Ref
)BDW	(GIZA, EIG. ABSCHR.)	188	I	MYN		7
)BDW		666	I			352
)XTI-VTPI	(SAQQARA,EIG.ABSCH.)	630,GG	I	MYYI		473,CCN
IDWT	SIEHE TEIL 3		I			748,1 N
	IDOUT		I			878, N
(NX-IWJWS	(EIGENE ABSCHRIFT)	474,BB	I	NI-(NX-PIPI		279
(NX-M-(-VRW	(EIGENE ABSCHRIFT)	1104,AA	I			872,2,B
(NXI	(ABSCHRIFT NIMS)	734	I			1136
		1100	I	NI-(NX-PIPI	(EIGENE ABSCHRIFT)	473,CCN
III	(EIGENE ABSCHRIFT)	167,AAN	I			681,3
		598,A N	I			1094
IRTISN		497, N	I	NBW-K)h-VRW	(EIGENE ABSCHRIFT)	497, N
IXXI		748,1 N	I	NBW-K)h-VRW	(SACQARA)	602, N
		878, N	I	NBW-K)h-VRW	(SAQQARA,EIG.ABSCH.)	1099,B
		937	I			1100
		1093	I	NBW-K)W-VRW	(SAQQARA, FRAGMENT)	711
IXXI	LINKS VOM EING.,Z.25	90	I	NFR-IRITNF	SIEHE TEIL 3	
	RECHTS VOM EING.,Z.6	289	I		NEFERIRT.	
IZZI	(SAQQARA,EIG.ABSCH.)	937	I	NFRI		99
IDW SNNI	(EIGENE ABSCHRIFT)	1043	I	NXBW		887
		1054	I	VR-VTPh	SIEHE TEIL 3	
W)$-PTV		549,A.1	I		HARHOTEP	
W)$-PTV	(EIGENE ABSCHRIFT)	650,2	I	VQ)-IBI	(ASSUAN)	650,2
		1029,A,DD	I	VQ)-IBI	(NEUES GRAB)	474,BB
WNI		852	I	VQ)-NXTI	(UNVEROEFFENTLICHT)	264
		1155	I			420
WNIS	(EIGENE ABSCHRIFT)	55, N	I	VTP-VR-)XTI	SIEHE TEIL 3	
		312, N	I		MOHR,HETEPHERAKHTI	
		533,4 N	I	XNW	(EIGENE ABSCHRIFT)	485, N
		516,1 N	I			1080
		547, N	I	XNW	(HASSAN-GRABUNG)	160,AA,A.1
WNIS	(UNVEROEFFENTLICHT)	793	I			646
WRI-IRIN-PTV	(EIGENE ABSCHRIFT)	146, N	I	XNTI-K)	SIEHE TEIL 3	
BI)		473,CCN	I		JAMES, KHENTIKA	
		878, N	I	CRIWF	(THEBEN)	600
		1040	I	Z)-NHT	SIEHE TEIL 3	
		1080	I		SIN.	
		1081,A.1	I	SNJM-IB INTI	(EIGENE ABSCHRIFT)	676
PTV-VTPW	SIEHE TEIL 3		I	Q)R	(GIZA)	706
	DAV. PTAH.		I	K)-M-RMY		1058
PTV-$PSS		696	I	K)I-GMINI		607,CC
PTV-$PSSI	(ABUSIR)	752	I	K)I-GMINI	SIEHE TEIL 3	
PTV-$PSSI	(ABUSIR,EIG.ABSCHR.)	754,1	I		GEMN.	
		988	I	YII		1064
RX-MI-R(W	SIEHE TEIL 3		I			1092
	DAV. REKH.		I			1092,S.568,A.1
MRI	SIEHE TEIL 3		I	YII	SIEHE TEIL 3	
	MERA		I		ATLAS 3 T. 70	
MRRW-K)I		1064	I		EPRON, TI	
		1092	I		TI	
		1092,S.568,A.1	I	YTW	(GIZA, EIG.ABSCHR.)	751,C
MRRW-K)I	SIEHE TEIL 3		I			937
	MERERUKA		I			957
MVW	(SAQQARA,UNVEROEFF.)	607,BB,5	I	DBVNI		468